Martin Doerry / Markus Verbeet

WIE GUT IST IHRE ALLGEMEINBILDUNG?

Kultur

Der große SPIEGEL-Wissenstest zum Mitmachen

Kiepenheuer & Witsch

Verlag Kiepenheuer & Witsch, FSC®-N001512

1. Auflage 2011

Umschlaggestaltung: Barbara Thoben, Köln
Umschlagmotiv: © mipan – www.fotolia.com
Gestaltung und Satz Innenteil: Felder KölnBerlin
Gesetzt aus der Foundry
Druck und Bindung: CPI – Clausen & Bosse, Leck
ISBN 978-3-462-04367-9

INHALT

EINLEITUNG

Kunst kann viel, ja alles: verärgern und erfreuen, verstören und langweilen. Mal ist die Beschäftigung mit ihr erquicklich, mal ermüdend, nur in einer Hinsicht enttäuscht sie eigentlich nie. Kunst bietet Anlass, je nach Stimmungslage und Gesprächspartner, zum Reden, Debattieren oder Streiten. Denn eine künstlerische Leistung ist nie nur fehlerfrei wie ein mathematischer Beweis, nie schier unwiderlegbar wie ein naturwissenschaftliches Gesetz, nie vollständig messbar wie manche sportliche Höchstleistung.
Wer über Kunst und Kultur reden oder debattieren oder streiten will, braucht dafür nicht unbedingt Wissen. Im Gegenteil, Wissen kann sogar schaden; die Meinungsfreude mancher Menschen speist sich gerade aus ihrer Unkenntnis. Doch allgemein gilt natürlich: Ein gewisses Maß an Wissen fördert die eigene Erkenntnis, es schärft die Sinne und die Gedanken, und es macht darum jede Konversation angenehmer und anregender. Was aber verstehen Sie von Kultur, wie gut ist Ihre Allgemeinbildung? Das ist die Frage, die dieses Buch aufwirft, gleich 150fach.
So viele Aufgaben finden Sie auf den folgenden Seiten, sie entstammen fünf Bereichen: deutschprachige Literatur, internationale Literatur, Musik und Tanz, Film und Fernsehen sowie Bildende Kunst. Es ist offenkundig, dass ein solcher Fragenkatalog keine Vollständigkeit beanspruchen kann. Darum geht es auch gar nicht, der SPIEGEL-Wissenstest KULTUR ist kein Kanon. Er soll nicht abgrenzen, sondern anregen: zur Beschäftigung mit dem eigenen Wissen. Zu diesem Zweck bietet dieses Buch eine verläss-

liche Möglichkeit, den eigenen Wissensstand zu überprüfen und auch zu vergleichen.
Als der Fragenkatalog auszugsweise für einige Wochen im Internet bei SPIEGEL ONLINE zugänglich war, haben sich mehr als hunderttausend Menschen an einer repräsentativen Auswahl von Fragen versucht. Das persönliche Testergebnis, das Sie mit dem vollständigen Fragenkatalog in diesem Buch erzielen, können Sie daher mit dem Abschneiden der vielen Menschen vergleichen, die im Internet mitgemacht haben. Wie das geht, steht in der Gebrauchsanweisung auf Seite 15. Welche Aufgaben vielen Teilnehmern besonders leicht gefallen sind und welche besonders schwer, verrät die Analyse ab Seite 131. Dort geht es auch um die große Frage, die immer wieder für hitzige Debatten sorgt: was eigentlich unter Kultur zu verstehen ist.
Lady Gaga ja, Lindenstraße nein? Über die Grenzziehung sind in Feuilletons schon Glaubenskriege geführt worden. Da klingt es ungewöhnlich gelassen, wenn die Schauspielerin Senta Berger sagt: »Na ja, es versteht doch wahrscheinlich jeder etwas anderes unter Kultur.« Im Interview ab Seite 156 berichtet sie auch über ihren eigenen Lebensweg, beginnend mit der Förderung ihres Talents durch ihre Eltern. »Meine Mutter war eine stolze Proletarierin, mein Vater eher ein ängstlicher Kleinbürger«, erzählt Senta Berger. »In diesen Kreisen sein Kind in die Ballettschule und zum Klavierunterricht zu schicken, war eher ungewöhnlich.«
In einem zweiten Interview gibt der Kritiker Hellmuth Karasek ab Seite 139 zum Besten, welche Pein und Freude ihm die Kultur bereiten kann. »Schauen Sie, man muss ehrlich sagen, in meinem Alter eine Bayreuth-Vorstellung durchzusitzen, das ist ein grober Angriff auf die Gesundheit«, sagt Karasek. Danach könne er sich tagelang nicht

mehr bewegen. Aber auch er verkennt nicht einen großen Vorzug der Kultur, als Quell immer neuen Gesprächsstoffs. »Kultur hat einen Vorteil und einen Nachteil«, sagt Kritiker Karasek. »Man kann sich mit Menschen, die man mag, scheinbar objektiv über Subjektives streiten.«
Vielleicht bietet ja auch dieses Buch den einen oder anderen Anlass für Gespräche. In jedem Fall möge es Freude bereiten, die Wissensprobe mitzumachen und den eigenen Wissensstand zu überprüfen. In diesem Sinne wünschen wir: Viel Vergnügen mit dem SPIEGEL-Wissenstest KULTUR!

DER GROSSE SPIEGEL-WISSENSTEST

Kultur

DIE GEBRAUCHSANWEISUNG

1 Wie mache ich mit?

Suchen Sie sich einen ruhigen Platz, nehmen Sie einen Stift in die Hand und halten Sie eine Uhr mit Sekundenzeiger im Blick. Los geht's – Sie haben 30 Sekunden pro Aufgabe. Wenn Sie bis dahin keine Antwort gefunden haben, springen Sie zur nächsten Aufgabe.

2 Wie ermittle ich mein Ergebnis?

Vergleichen Sie Ihre Antworten mit den Lösungen ab Seite 97. Für jede richtige Antwort geben Sie sich einen Punkt. Wenn Sie – wie bei manchen Aufgaben – einen Namen oder einen Begriff schreiben mussten: Werten Sie die Antwort auch dann als richtig, wenn Sie einen kleinen Schreibfehler gemacht haben (etwa: Harald Schmitt statt Harald Schmidt). Zählen Sie schließlich für jeden der fünf Bereiche Ihre Punktzahl.

Zahl der richtigen Antworten pro Themengebiet

28–30 = sehr gut
23–27 = gut
18–22 = befriedigend
13–17 = ausreichend
weniger als 13 = mangelhaft

3 Wie vergleiche ich mein Ergebnis?

Wenn Sie Ihr Ergebnis mit den anderen Teilnehmern des SPIEGEL-Wissenstests KULTUR vergleichen wollen, müssen Sie eine kleine Rechnung vornehmen: Zählen Sie alle richtigen Antworten aus den fünf Bereichen zusammen. Die Grafik zeigt Ihnen, wie gut Sie im Vergleich zu den anderen Teilnehmern abgeschnitten haben.

Beispielrechnung

Richtige Antworten in ...

»Deutschsprachige Literatur«	25
»Internationale Literatur«	23
»Musik und Tanz«	19
»Film und Fernsehen«	27
»Bildende Kunst«	18
Gesamtzahl richtige Antworten	112

Das heißt: Sie zählen zu den besten 33,3 % der Teilnehmer.

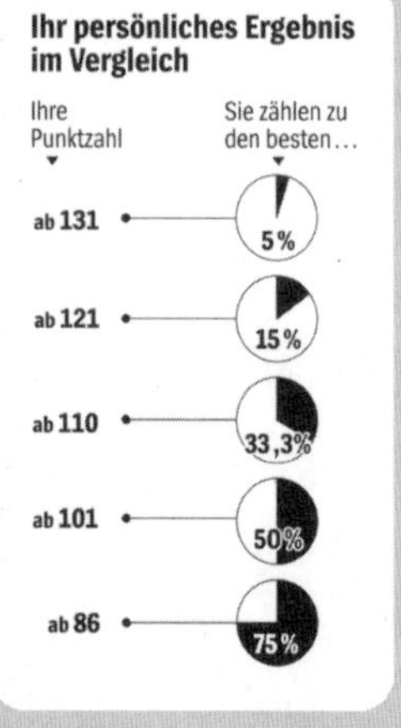

DIE FRAGEN
DEUTSCHSPRACHIGE LITERATUR

FRAGE 1

Goethes Faust hat, ausweislich des berühmten Monologs in dem Drama, viele Fächer studiert. Welches nicht?

1 Philosophie O
2 Theologie O
3 Germanistik O
4 Medizin O

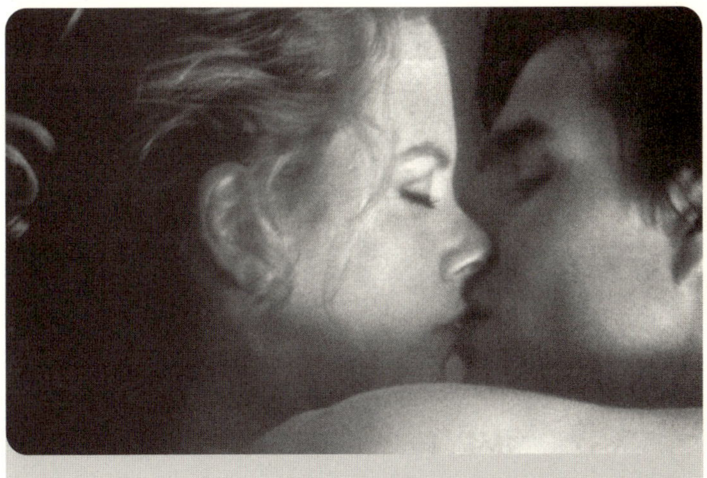

FRAGE 2

Wie heißt die deutschsprachige literarische Vorlage des Films »Eyes Wide Shut« von Stanley Kubrick?

1 »Traumnovelle« von Arthur Schnitzler
2 »Radetzkymarsch« von Joseph Roth
3 »Der Turm« von Hugo von Hofmannsthal
4 »Der Proceß« von Franz Kafka

FRAGE 3

Wer schrieb das mittelalterliche Versepos »Tristan«?

1 Gottfried von Straßburg O
2 Hartmann von Aue O
3 Walther von der Vogelweide O
4 Neidhart von Reuental O

FRAGE 4

Im Roman »Homo faber« von Max Frisch hat der Held ein Verhältnis ...

1 mit seinem Kindermädchen. O
2 mit seiner Tochter. O
3 mit seiner Lehrerin. O
4 mit einem Schulfreund. O

FRAGE 5

Wo hielt Martin Walser 1998 seine umstrittene Rede, in der er sich gegen eine »Instrumentalisierung« des Holocausts aussprach?

1 Im Kölner Gürzenich O
2 In der Frankfurter Paulskirche O
3 In der Münchner Universität O
4 Im Berliner Reichstag O

FRAGE 6

In welchem Jahrhundert erfand Johannes Gutenberg den Buchdruck?

1 11. Jahrhundert

2 13. Jahrhundert

3 15. Jahrhundert

4 17. Jahrhundert

FRAGE 7

Was war 1973 die Ursache des Todes der österreichischen Dichterin Ingeborg Bachmann?

1 Brennende Zigarette O
2 Überdosis Heroin O
3 Schlaganfall O
4 Verkehrsunfall O

FRAGE 8

Heinrich von Kleist beschrieb in einer Erzählung einen Rächer, der aus seinem Gerechtigkeitsempfinden heraus mit dem Gesetz in Konflikt gerät. Wie heißt der Mann?

1 Spartakus O
2 Robin Hood O
3 Michael Kohlhaas O
4 August der Starke O

FRAGE 9

Wer gewann nicht den Literaturnobelpreis?

1 Heinrich Böll O
2 Theodor Mommsen O
3 Thomas Mann O
4 Christa Wolf O

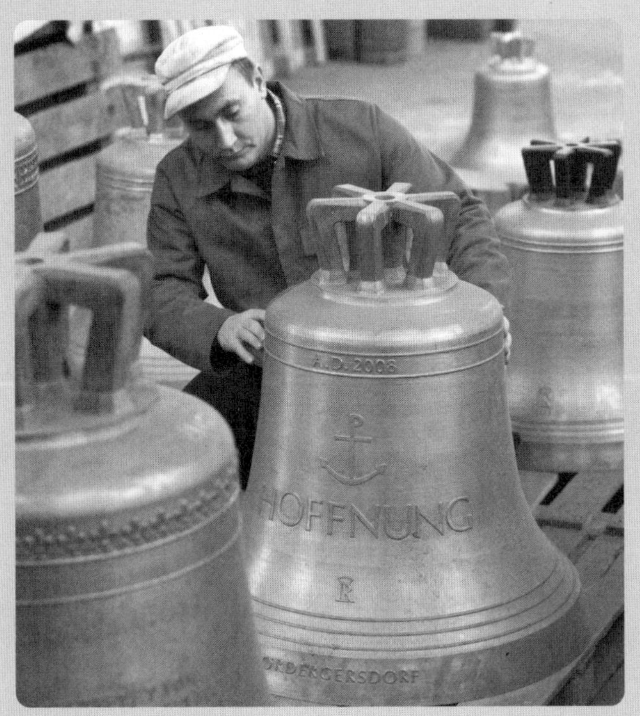

FRAGE 10

Welches Zitat stammt aus Schillers »Das Lied von der Glocke«?

1 Es irrt der Mensch, solang' er strebt.

2 Zwar weiß ich viel, doch möcht' ich alles wissen.

3 Doch mit des Geschickes Mächten ist kein ewger Bund zu flechten.

4 Hier bin ich Mensch, hier darf ich's sein.

FRAGE 11

Welcher Literaturepoche wird der Dichter Novalis zugeordnet?

1 Klassik O
2 Romantik O
3 Sturm und Drang O
4 Biedermeier O

FRAGE 12

Wer prägte mit seiner Bibelübersetzung maßgeblich die deutsche Sprache?

1 Erasmus von Rotterdam O
2 Philipp Melanchthon O
3 Martin Luther O
4 Johannes Calvin O

FRAGE 13

Welcher deutsche Schriftsteller jüdischer Herkunft emigrierte 1831 nach Paris?

1 Heinrich Heine O
2 Moses Mendelssohn O
3 Lion Feuchtwanger O
4 Paul Celan O

FRAGE 14

Mit welchem Roman wurde Benjamin von Stuckrad-Barre bekannt?

1 Langspielplatte
2 Single
3 Livealbum
4 Soloalbum

FRAGE 15

Oskar Matzerath, der Held aus der »Blechtrommel« von Günter Grass, verfügt über eine ungewöhnliche Gabe. Er kann ...

1 die Zukunft vorhersagen. O
2 mit seiner hohen Stimme Glas zerbersten lassen. O
3 Zauberkunststücke vorführen. O
4 mit Pferdeäpfeln jonglieren. O

FRAGE 16

Was ruft der Marquis von Posa in Schillers Drama »Don Carlos«?

1 »Geben Sie Gedankenfreiheit« O

2 »Rette sich, wer kann« O

3 »Wo viel Licht ist, ist starker Schatten« O

4 »Wer überlegt, der sucht Bewegungsgründe, nicht zu dürfen« O

FRAGE 17

Die Schriftstellerin Herta Müller aus Berlin hat 2009 den Literaturnobelpreis gewonnen. Wo ist sie geboren und aufgewachsen?

1 Deutschland

2 Polen

3 Rumänien

4 Ungarn

?

FRAGE 18

Welcher Versfuß wird Daktylus genannt?

1 Lang, kurz, kurz O
2 Kurz, kurz, lang O
3 Lang, kurz, lang O
4 Kurz, lang, kurz O

FRAGE 19

Wie heißt die literarische Vereinigung, die von prominenten westdeutschen Autoren und Kritikern der Nachkriegsjahre gebildet wurde?

1 Brücke O
2 Der Blaue Reiter O
3 Junges Deutschland O
4 Gruppe 47 O

FRAGE 20

Von welchem Autor stammt der Text der DDR-Nationalhymne »Auferstanden aus Ruinen«?

1 Johannes R. Becher O
2 Anna Seghers O
3 Hermann Kant O
4 Stephan Hermlin O

DER SPIEGEL
„Mein lieber Günter Grass…"
Marcel Reich-Ranicki
über das Scheitern
eines großen Schriftstellers

FRAGE 21

Im August 1995 zeigte ein SPIEGEL-Titelbild eine Fotomontage: Der Kritiker Marcel Reich-Ranicki zerriss das damals neue Buch von Günter Grass. Welches Buch rezensierte Reich-Ranicki?

1 Die Blechtrommel
2 Ein weites Feld
3 Der Butt
4 Im Krebsgang

FRAGE 22

Wie lautet der Titel des Bestsellers von Thilo Sarrazin?

1 »Deutschland wird dümmer« O

2 »Absturz eines Superstars« O

3 »Deutschland schafft sich ab« O

4 »Der Untergang des Abendlandes« O

FRAGE 23

Diese Stadt ist der Schauplatz des berühmten Romans …

1 »Berlin Alexanderplatz« von Alfred Döblin.

2 »Deutschstunde« von Siegfried Lenz.

3 »Der Tod in Rom« von Wolfgang Koeppen.

4 »Buddenbrooks« von Thomas Mann.

FRAGE 24

Ferdinand von Schirach hat seine kriminalistischen Kurzgeschichten unter den Titeln »Verbrechen« und »Schuld« zu Bestsellern gemacht. Welchem Beruf geht der Autor nach?

1 Staatsanwalt O
2 Rechtsanwalt O
3 Richter O
4 Kriminalkommissar O

FRAGE 25

Welcher deutsche Schriftsteller war während des 2. Weltkriegs nach eigenen Angaben bei der Waffen-SS?

1 Ernst Jünger O
2 Gottfried Benn O
3 Günter Grass O
4 Werner Bergengruen O

FRAGE 26

Monika Marons Roman »Flugasche« von 1981 beschreibt ...

1 die Zerstörung Dresdens durch alliierte Bombenflugzeuge im 2. Weltkrieg. O
2 den Bankrott eines Spielsüchtigen in einem Casino. O
3 die Umweltverschmutzung in der DDR. O
4 den Ausbruch eines Vulkans auf Island im Jahre 1979. O

FRAGE 27

Wer ist dieser Schriftsteller?

1 Thomas Mann
2 Heinrich Mann
3 Gerhart Hauptmann
4 Hugo von Hofmannsthal

FRAGE 28

Wen tötet Hagen im Nibelungenlied mit dem Speer?

1 Kriemhild O
2 Giselher O
3 Alberich O
4 Siegfried O

FRAGE 29

Im Jahre 1893 wurde Gerhart Hauptmanns Theaterstück »Die Weber« uraufgeführt. Was ist der historische Hintergrund dieses Dramas?

1 Das Elend in den englischen Webereien des 19. Jahrhunderts O

2 Penelope webte das Leichentuch für den Vater des Odysseus O

3 Der Krieg der Amazonen O

4 Der Weberaufstand in Schlesien von 1844 O

FRAGE 30

Wo steht dieses Denkmal von Goethe und Schiller?

1 Berlin

2 Frankfurt am Main

3 Mannheim

4 Weimar

DIE FRAGEN INTERNATIONALE LITERATUR

FRAGE 31

Wie heißt die berühmte Hobbydetektivin in den Kriminalromanen von Agatha Christie?

1 Madame Bovary O
2 Patricia Highsmith O
3 Miss Marple O
4 Patricia Cornwell O

FRAGE 32

Welchen Sport treibt Harry Potter?

1 Darts
2 Krocket
3 Cricket
4 Quidditch

FRAGE 33

Welcher russische Autor lehnte die Annahme des ihm zugesprochenen Nobelpreises auf Druck der sowjetischen Machthaber ab?

1 Boris Pasternak O
2 Alexander Solschenizyn O
3 Andrej Sacharow O
4 Michail Kalaschnikow O

FRAGE 34

Ajatollah Chomeini rief 1989 zum Mord an Salman Rushdie auf. Welcher Roman des Autors erregte den Zorn des iranischen Revolutionsführers?

1 »Des Mauren letzter Seufzer« O
2 »Mitternachtskinder« O
3 »Harun und das Meer der Geschichten« O
4 »Die satanischen Verse« O

FRAGE 35

In welchem lateinamerikanischen Roman spielt der Sturz des chilenischen Präsidenten Salvador Allende eine Rolle?

1 »Hundert Jahre Einsamkeit« von Gabriel García Márquez O
2 »Das Geisterhaus« von Isabel Allende O
3 »Das grüne Haus« von Mario Vargas Llosa O
4 »Buch der Träume« von Jorge Luis Borges O

FRAGE 36

Wer ist das?

1 Miguel de Cervantes
2 Jean Racine
3 William Shakespeare
4 Molière

FRAGE 37

Welcher Sänger ist seit Jahren als Kandidat für den Literaturnobelpreis im Gespräch?

1 Bob Dylan O
2 Elton John O
3 Paul McCartney O
4 Bruce Springsteen O

FRAGE 38

Welche Strafarbeit verhilft Tom Sawyer zu einem einträglichen Vergnügen?

1 Das Ausheben eines Grabes O
2 Nachsitzen in der Schule O
3 Das Streichen eines Zauns O
4 Die Suche nach einer entlaufenen Katze O

FRAGE 39

Wie heißt der Gefährte von Robinson Crusoe?

FRAGE 40

Aus welchem Roman stammt der Slogan »Big Brother is watching you«?

1 »Schöne neue Welt« von Aldous Huxley O

2 »1984« von George Orwell O

3 »Sonnenfinsternis« von Arthur Koestler O

4 »Krieg der Welten« von H. G. Wells O

FRAGE 41

Wer ist das?

1 Dick und Doof

2 Pünktchen und Anton

3 Die Kessler-Zwillinge

4 Don Quichotte und Sancho Pansa

FRAGE 42

Marguerite Duras hat in einem autobiografischen Roman, der auch verfilmt wurde, ihre Kindheit in Indochina geschildert. Der Titel bezeichnet zugleich die Funktion der männlichen Hauptperson des Buches:

1 Der Liebhaber O
2 Der Gärtner von Saigon O
3 Der Kaiser von China O
4 Der Yeti O

FRAGE 43

Womit bestrafen griechische Frauen in der Komödie »Lysistrata« von Aristophanes ihre kriegslüsternen Männer?

1 Liebesentzug O
2 Körperlicher Züchtigung O
3 Amazonen O
4 Spottgedichten O

FRAGE 44

In welchem Drama findet sich folgender Dialog: »Wenn sie dich sehn, sie werden dich ermorden.« »Ach, deine Augen drohn mir mehr Gefahr als zwanzig ihrer Schwerter.«?

1 Philemon und Baucis O
2 Das Liebeskonzil O
3 Romeo und Julia O
4 Die schöne Helena O

FRAGE 45

Leon Uris schreibt in einem Roman von einem Schiff mit Holocaust-Überlebenden auf dem Weg nach Palästina. Wie heißt es?

1 Panzerkreuzer Potemkin

2 Exodus

3 St. Louis

4 Titanic

FRAGE 46

Vladimir Nabokovs bekannter Roman schildert die Liebe zwischen einem knapp Vierzigjährigen und der minderjährigen ...

1 Esmeralda. O
2 Lolita. O
3 Carmen. O
4 Madonna. O

FRAGE 47

Welcher Bestseller-Autor war als Diplomat an der britischen Botschaft in Bonn beschäftigt?

1 Norman Mailer O
2 Cormac McCarthy O
3 Ian McEwan O
4 John le Carré O

FRAGE 48

Welche politische Strömung kritisiert der niederländische Autor Leon de Winter (»Hoffmans Hunger«) in seinen Essays?

1 Islamismus O
2 Kommunismus O
3 Kapitalismus O
4 Neoliberalismus O

FRAGE 49

Welcher Krieg wird in Margaret Mitchells Roman »Vom Winde verweht« beschrieben?

1 1. Weltkrieg
2 Krimkrieg
3 Amerikanischer Bürgerkrieg
4 Amerikanischer Unabhängigkeitskrieg

FRAGE 50

In welchem Theaterstück von Molière ist ein Hypochonder die Hauptfigur?

1 Der Menschenfeind
2 Die Schule der Frauen
3 Der Geizige
4 Der eingebildete Kranke

FRAGE 51

Fjodor Dostojewskis Roman »Schuld und Sühne« wurde 1994 von Swetlana Geier neu ins Deutsche übersetzt und trägt nun den Titel …

1 »Der Untergang«. O
2 »Verbrechen und Strafe«. O
3 »Die Nemesis der Macht«. O
4 »Der Proceß«. O

FRAGE 52

Der Name dieser Schriftstellerin ist im Titel eines Theaterstücks von Edward Albee enthalten:

1 Jane Austen
2 Susan Sontag
3 Virginia Woolf
4 Angela Carter

FRAGE 53

Nach welchem Autor des 18. Jahrhunderts ist eine sexuelle Präferenz benannt?

1 Marquis de Sade O
2 Giacomo Casanova O
3 Jean-Jacques Rousseau O
4 Auguste Comte O

FRAGE 54

Unter welchem Pseudonym veröffentlicht die Krimi-Autorin Ruth Rendell ebenfalls Romane?

1 Barbara Vine O
2 Katherine Mansfield O
3 Donna Leon O
4 Joyce Carol Oates O

FRAGE 55

Der Name einer Krankheit findet sich im Titel eines bekannten Romans von Albert Camus:

1 Die Liebe in den Zeiten der Cholera O
2 Der Pockennarbige O
3 Fieberwahn O
4 Die Pest O

FRAGE 56

Alexander Solschenizyn schrieb über seine Leidenszeit in sowjetischen Arbeitslagern den Roman »Ein Tag im Leben des ...

1 Doktor Schiwago«. O
2 Leon Poljakow«. O
3 Michail Simonow«. O
4 Iwan Denissowitsch«. O

FRAGE 57

Mit welchem amerikanischen Schriftsteller war diese Schauspielerin verheiratet?

1 John Grisham
2 Alec Baldwin
3 Arthur Miller
4 Henry Louis Gates

FRAGE 58

Worunter leidet Flauberts Madame Bovary?

1 Eifersucht O
2 Gewalttätigkeit ihres Ehemanns O
3 Neid ihrer Nachbarn O
4 Monotonie ihres Ehelebens O

FRAGE 59

In Shakespeares »Hamlet« heißt es: »Etwas ist faul im Staate …

FRAGE 60

Was ist das Thema des Romans »Onkel Toms Hütte« der US-Amerikanerin Harriet Beecher Stowe?

1 Indianeraufstände O
2 Treck nach Westen O
3 Sklaverei O
4 Goldrausch O

DIE FRAGEN
MUSIK UND TANZ

FRAGE 61

Wer hat eine Symphonie mit dieser Melodie im Schlusssatz geschrieben?

1 Mozart
2 Beethoven
3 Schubert
4 Brahms

FRAGE 62

Wie heißt ein bekannter Gangsta-Rapper?

1 Marky Mark O
2 Dollar O
3 50 Cent O
4 Johnny Cash O

FRAGE 63

Welches Instrument kann ein »Fernwerk« haben?

1 Orgel O
2 Schlagzeug O
3 E-Gitarre O
4 Klavier O

FRAGE 64

Wie heißt das berühmte musikalische Märchen von Sergej Prokofjew?

1 Peter und der Wolf O
2 Rotkäppchen und der Wolf O
3 Der Wolf und die sieben Geißlein O
4 Der Wolf und der Fuchs O

FRAGE 65

Seit wann nehmen die Wiener Philharmoniker auch Frauen auf?

1 2010 O
2 1968 O
3 1997 O
4 Gar nicht O

FRAGE 66

Was verbindet Elvis Presley mit Deutschland?

1 Er hatte Großeltern mütterlicherseits aus Deutschland.

2 Er gab sein erstes Konzert im Hamburger Musikclub Indra.

3 Er machte mehrfach im Schwarzwald Urlaub.

4 Er verbrachte dort einen Teil seines Wehrdienstes.

FRAGE 67

Wie viele Saiten hat eine klassische Gitarre normalerweise?

FRAGE 68

Welcher Dirigent spielte eine wichtige Rolle beim Sturz des DDR-Regimes 1989?

1 Herbert von Karajan O
2 Kurt Masur O
3 Daniel Barenboim O
4 Claudio Abbado O

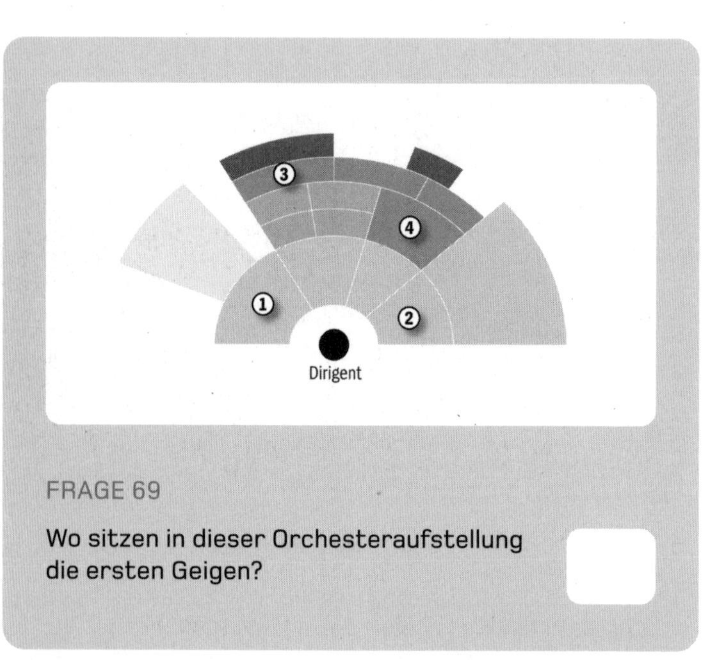

FRAGE 69

Wo sitzen in dieser Orchesteraufstellung die ersten Geigen?

FRAGE 70

Wie wird der Ort bezeichnet, an dem das Bayreuther Festspielhaus steht?

1 Schwarze Grube O
2 Rotes Feld O
3 Grüner Hügel O
4 Brauner Sumpf O

FRAGE 71

Wo ist Herbert Grönemeyer aufgewachsen?

1 Dortmund
2 Köln
3 Bochum
4 Düsseldorf

FRAGE 72

Wer hat die Melodie der deutschen Nationalhymne komponiert?

1 Händel O
2 Haydn O
3 Schubert O
4 Wagner O

FRAGE 73

Was ist das meistverkaufte Album der Musikgeschichte?

1 Come on Over (Shania Twain) O
2 Music Box (Mariah Carey) O
3 Sgt. Pepper's Lonely Hearts Club Band (Beatles) O
4 Thriller (Michael Jackson) O

FRAGE 74

Welche Stadt spielte eine herausragende Rolle in der frühen Entwicklung des Jazz?

1 Chicago O
2 New York O
3 New Orleans O
4 San Francisco O

FRAGE 75

Für welche von Mozarts Opern schuf Karl Friedrich Schinkel dieses berühmte Bühnenbild?

1 Die Zauberflöte
2 Die Hochzeit des Figaro
3 Don Giovanni
4 Idomeneo

FRAGE 76

Welche Stadt ist bekannt für ihr Festival zu Neuer Musik?

1 Donauwörth O
2 Donaueschingen O
3 Bayreuth O
4 Salzburg O

FRAGE 77

Wie hieß das große Benefizkonzert, das 1985 in London und Philadelphia stattfand?

1 The Wall
2 Rock am Ring
3 Sundance Festival
4 Live Aid

FRAGE 78

Woodstock 1969: Wer war nicht dabei?

1 Bob Dylan
2 Joe Cocker
3 Jimi Hendrix
4 Janis Joplin

FRAGE 79

Die Querflöte ist ein ...

1 Holzblasinstrument. O
2 Blechblasinstrument. O
3 Metallblasinstrument. O
4 Rhythmusinstrument. O

FRAGE 80

Was ist keine Jazz-Richtung?

1 Hardbop O
2 Bebop O
3 Cool Jazz O
4 Crazy Jazz O

FRAGE 81

Welches deutschsprachige Lied hat es als erstes auf Platz 1 der US-amerikanischen Single-Hitparade geschafft?

1 Wind of Change (Scorpions) O
2 Rock me Amadeus (Falco) O
3 99 Luftballons (Nena) O
4 Ein bisschen Frieden (Nicole) O

FRAGE 82

Wie nennt man diesen Notenschlüssel?

1 Bassschlüssel

2 Altschlüssel

3 Violinschlüssel

4 Sopranschlüssel

FRAGE 83

Leonard Bernsteins Musical »West Side Story« greift einen Stoff von Shakespeare auf. Welchen?

1 Ein Sommernachtstraum O

2 Viel Lärm um Nichts O

3 Hamlet O

4 Romeo und Julia O

FRAGE 84

Wie viele Grundpositionen zählt man beim klassischen Ballett?

1 2 O

2 5 O

3 8 O

4 11 O

FRAGE 85

Aus welchem Land stammt die Popsängerin Lady Gaga?

1 Großbritannien
2 USA
3 Australien
4 Deutschland

FRAGE 86

Welche Verdi-Oper geht auf den Roman »Die Kameliendame« zurück?

1 La traviata O
2 Nabucco O
3 Aida O
4 Rigoletto O

FRAGE 87

Was wird normalerweise für den Bogen eines Streichinstruments verwendet?

1 Nylon O
2 Wollfäden O
3 Seide O
4 Pferdehaare O

FRAGE 88

Wer ist das?

FRAGE 89

Wo wirkte die Tanzchoreografin Pina Bausch?

1	Gelsenkirchen	O
2	Wuppertal	O
3	Castrop-Rauxel	O
4	Düsseldorf	O

FRAGE 90

Wie heißt ein berühmtes Ballett?

1	Nussknacker	O
2	Korkenzieher	O
3	Pfeffermühle	O
4	Waage	O

DIE FRAGEN
FILM UND FERNSEHEN

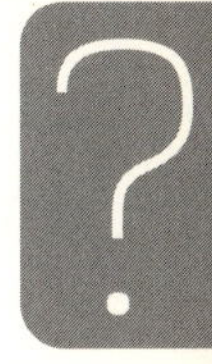

FRAGE 91

Alljährlich werden die schlechtesten Filme ausgezeichnet. Womit?

1 Saure Zitrone O

2 Goldene Himbeere O

3 Silberne Stachelbeere O

4 Faule Banane O

FRAGE 92

Wo wird die »Lindenstraße« gedreht?

1 München

2 Berlin

3 Köln

4 Frankfurt

FRAGE 93

Wie heißt Tom Toelles berühmter Fernsehfilm von 1970?

1 Das Millionenspiel O
2 Wer wird Millionär? O
3 Rette die Million O
4 Million Dollar Baby O

FRAGE 94

Wann wurde das erste Filmstudio in Hollywood eröffnet?

1 1888 O
2 1911 O
3 1932 O
4 1956 O

FRAGE 95

Was zeigt die berühmte Filmszene der Brüder Lumière, die als eine der ersten Filmszenen der Kinogeschichte gilt?

1 Auto O
2 Zeppelin O
3 Pferd O
4 Lokomotive O

FRAGE 96

Wie viele verschiedene Filme fürs Kino wurden von »Der Pate« erstellt?

1 1
2 2
3 3
4 4

FRAGE 97

Welcher Film erzielte die höchsten Einnahmen?

1 Titanic O
2 Jurassic Parc O
3 Spider-Man O
4 Avatar O

FRAGE 98

Welcher deutsche Film fand in den USA die meisten Zuschauer?

1 Das Boot O
2 Die unendliche Geschichte O
3 Das Leben der Anderen O
4 Lola rennt O

FRAGE 99

Wie heißt der »Tatort«, der Nastassja Kinski große Bekanntheit verschaffte?

1 Die Sünderin
2 Reifezeugnis
3 Baby Doll
4 Lolita

FRAGE 100

Wodurch zeichnet sich ein Film aus, der den Vorgaben des »Dogma 95«-Manifests, unterschrieben unter anderem von Lars von Trier, entspricht?

1 Spezialeffekte O
2 Waffengewalt O
3 Filmmusik O
4 Handkamera O

FRAGE 101

Wo spielt die preisgekrönte TV-Serie »Mad Men«?

1 Kreuzfahrtschiff O
2 Polizeistation O
3 Werbeagentur O
4 Universität O

FRAGE 102

In welcher deutschen Stadt spielt ein James-Bond-Film?

1 Hamburg O
2 Köln O
3 München O
4 Frankfurt O

FRAGE 103

Wer schrieb die Titelmelodie der »Tatort«-Fernsehreihe?

1 Klaus Doldinger O
2 James Last O
3 Karlheinz Stockhausen O
4 Hans Zimmer O

FRAGE 104

In welchem Land wurde Charlie Chaplin geboren?

1 Deutschland
2 USA
3 Australien
4 Großbritannien

FRAGE 105

Bei der Berlinale 2011 war ein Juror nicht anwesend, weil er zu einer Haftstrafe verurteilt worden war. Wo?

1 USA O
2 Iran O
3 Schweiz O
4 Irak O

FRAGE 106

Forrest Gump sagt im gleichnamigen Film: »Meine Mama hat immer gesagt, das Leben ist wie eine …

1 große Wundertüte.« O
2 lange Achterbahnfahrt.« O
3 Reise ins Unbekannte.« O
4 Schachtel Pralinen.« O

FRAGE 107

Drei Filme gewannen jeweils elf Academy Awards (»Oscars«). Welcher nicht?

1 Ben Hur O
2 Titanic O
3 Gangs of New York O
4 Der Herr der Ringe III O

FRAGE 108

Welchen Satz sagt Humphrey Bogart in »Casablanca« nicht?

1 Morgen ist ein neuer Tag.
2 Das ist der Beginn einer wunderbaren Freundschaft.
3 Uns bleibt immer Paris.
4 Spiel es noch einmal, Sam.

FRAGE 109

Welche Vogelart findet sich unter den Angreifern in Hitchcocks »Die Vögel«?

1 Stare O
2 Falken O
3 Raben O
4 Tauben O

FRAGE 110

Wer spielt keine wichtige Rolle in einem Film von Steven Spielberg?

1 Weißer Hai O
2 Dinosaurier O
3 Löwe O
4 Außerirdischer O

FRAGE 111

Welcher bekannte deutsche Regisseur begleitete die deutsche Fußball-Nationalmannschaft während der Weltmeisterschaft 2006?

1 Sönke Wortmann
2 Wolfgang Petersen
3 Roland Emmerich
4 Dieter Wedel

FRAGE 112

Die Vorsitzende der Berlinale-Jury 1986, Gina Lollobrigida, sorgte für einen Skandal, weil sie öffentlich bekundete, dass sie nicht mit der Kür des besten Films einverstanden war. Wie hieß der Film?

1 Stalingrad O
2 Berlin Alexanderplatz O
3 München O
4 Stammheim O

FRAGE 113

Wer spielt nicht in Wolfgang Petersens »Das Boot« mit?

1 Herbert Grönemeyer O
2 Heiner Lauterbach O
3 Uwe Ochsenknecht O
4 Heinz Hoenig O

FRAGE 114

Wie nennt man die Neuerungen des französischen Films ab den 1950er-Jahren?

1 Pop-Art O
2 Nouvelle Vague O
3 Art Déco O
4 Art Brut O

FRAGE 115

Wer nahm großen Einfluss auf zahlreiche deutsche Filmproduktionen während der nationalsozialistischen Herrschaft?

1 Heinrich Himmler O

2 Joseph Goebbels O

3 Reinhard Heydrich O

4 Hermann Göring O

FRAGE 116

Wo machen die »Easy Rider« Dennis Hopper und Peter Fonda Station?

1 New Orleans

2 New York

3 San Francisco

4 Chicago

FRAGE 117

Wann fand die erste Filmvorführung vor einem zahlenden Publikum in Deutschland statt?

1 1895 O
2 1880 O
3 1910 O
4 1935 O

FRAGE 118

Was gehört nicht in die Drei-Farben-Trilogie des polnischen Regisseurs Krzysztof Kieslowski?

1 Rot O
2 Lila O
3 Weiß O
4 Blau O

FRAGE 119

Nur einer der genannten Regisseure hat einen Academy Award (»Oscar«) gewonnen. Wer?

1 Michael Mann O
2 Alfred Hitchcock O
3 David Lynch O
4 Roman Polanski O

?

FRAGE 120

Aus welchem Film stammt diese Szene?

1 Blondinen bevorzugt
2 Das verflixte 7. Jahr
3 Manche mögen's heiß
4 Wie angelt man sich einen Millionär?

DIE FRAGEN
BILDENDE KUNST

FRAGE 121

Dieses berühmte Gemälde von Jan Vermeer van Delft heißt: Das Mädchen mit dem …

1 Kopftuch
2 Kussmund
3 Perlenohrring
4 blassen Teint

FRAGE 122

Was bildet ein Stillleben nicht ab?

1 Früchte O
2 Blumen O
3 Spielende Kinder O
4 Tote Tiere O

FRAGE 123

Wie heißt der Kreis von Künstlern, der 1911 in München unter anderem von Wassily Kandinsky und Franz Marc gegründet wurde?

1 Der Weiße Ritter O
2 Der Blaue Reiter O
3 Der Schwarze Schwan O
4 Die Brücke O

FRAGE 124

Wo ließ sich Paul Gauguin zu seinen Bildern inspirieren, die wegen ihrer Farbe und Flächigkeit bekannt wurden?

1 Südafrika O
2 Südamerika O
3 Südpol O
4 Südsee O

FRAGE 125

Welcher dieser Baustile ist der älteste?

1 Gotik O
2 Barock O
3 Romanik O
4 Klassizismus O

FRAGE 126

Aus welchem Land stammt die Künstlerin Frida Kahlo?

1 Mexiko
2 Spanien
3 Argentinien
4 USA

FRAGE 127

Wer schuf den Isenheimer Altar?

1 Hans Holbein der Ältere O
2 Tilman Riemenschneider O
3 Albrecht Dürer O
4 Matthias Grünewald O

FRAGE 128

René Magrittes bekannter Satz lautet:
»Dies ist keine …

1 Kunst.« O
2 Malerei.« O
3 Kloschüssel.« O
4 Pfeife.« O

FRAGE 129

Was ist auf Carl Spitzwegs Bild »Der arme Poet« über dem Bett zu sehen?

1 Himmel O
2 Stuckdecke O
3 Regenschirm O
4 Kronleuchter O

?

FRAGE 130

Wo befindet sich das Gemälde »Mona Lisa«?

1 Berlin
2 Paris
3 New York
4 Florenz

FRAGE 131

Die Ausstellung im Sommer 2012 in Kassel ist die wievielte in der »Documenta«-Reihe?

1 7 O
2 9 O
3 11 O
4 13 O

FRAGE 132

Welches Museum befindet sich in einem ehemaligen Ölkraftwerk?

1 Metropolitan Museum (New York) O
2 Centre Pompidou (Paris) O
3 Tate Modern (London) O
4 Museo del Prado (Madrid) O

FRAGE 133

Aus wie vielen Teilen besteht ein Diptychon?

1 2 O
2 3 O
3 4 O
4 5 O

FRAGE 134

Wo lehrte Joseph Beuys?

1 Bonn
2 Düsseldorf
3 Berlin
4 München

FRAGE 135

Was zeigt eine berühmte Serie von Andy Warhol?

1 Joghurtbecher O
2 Hamburger O
3 Milchtüten O
4 Tomatensuppendosen O

FRAGE 136

Was wurde zur Herstellung der Farben benutzt, die vor allem vom 12. bis zum 15. Jahrhundert in der Malerei verwendet wurden?

1 Milch O
2 Kartoffeln O
3 Ei O
4 Weizen O

FRAGE 137

Wo befindet sich dieses weltberühmte Fresko?

1 Frankreich
2 Deutschland
3 Vatikan
4 Österreich

FRAGE 138

Beim »Goldenen Schnitt« steht der kurze zum langen Teil im Verhältnis von:

1 1:2 O
2 1:10 O
3 5:6 O
4 5:8 O

FRAGE 139

Piet Mondrians berühmtes Bild heißt: Komposition mit ...

1 Schwarz, Rot und Gold. O
2 Rot, Gelb und Blau. O
3 Gold, Silber und Bronze. O
4 Grün, Orange und Braun. O

FRAGE 140

Für welche Epoche ist der Spitzbogen typisch?

1 Gotik O
2 Renaissance O
3 Barock O
4 Klassizismus O

FRAGE 141

Wer hat dieses Kunstwerk geschaffen?

1 Mark Rothko
2 Jackson Pollock
3 Roy Lichtenstein
4 Gerhard Richter

FRAGE 142

Die Skulptur welches Künstlers erzielte 2010 den Rekordpreis von umgerechnet rund 74 Millionen Euro?

1 Rodin O
2 Michelangelo O
3 Giacometti O
4 Picasso O

FRAGE 143

Welches Museum zählt nicht zur Berliner Museumsinsel?

1 Neue Nationalgalerie O
2 Bode-Museum O
3 Pergamonmuseum O
4 Alte Nationalgalerie O

FRAGE 144

Was verlor Vincent van Gogh?

1 Augenlicht O
2 Geruchssinn O
3 Ein Ohr O
4 Zwei Finger O

FRAGE 145

Dieses Gemälde heißt »Leda mit dem Schwan«. Wer hat es gemalt?

1 Peter Paul Rubens
2 Rembrandt van Rijn
3 Giovanni Battista Tiepolo
4 El Greco

FRAGE 146

Welche Kirche malte Claude Monet mindestens 30 Mal?

1 Kölner Dom O
2 Notre-Dame in Paris O
3 Petersdom in Rom O
4 Kathedrale von Rouen O

FRAGE 147

Was befindet sich auf dem Schädel, mit dem der Brite Damien Hirst 2007 Aufmerksamkeit erregte?

1 Nägel O
2 Diamanten O
3 Glassplitter O
4 Streichhölzer O

FRAGE 148

Wessen Kirche in Barcelona ist nach wie vor nicht zu Ende gebaut?

1 Salvador Dalí O
2 Frank Gehry O
3 Antoni Gaudí O
4 Aldo Rossi O

FRAGE 149

Wo wurde die Ausstellung »Entartete Kunst« 1937 erstmals gezeigt?

1 Berlin O
2 München O
3 Frankfurt O
4 Hamburg O

FRAGE 150

Dieses SPIEGEL-Titelbild zitiert das berühmte Werk »Geburt der Venus«. Von wem stammt das Werk?

1 Botticelli
2 Michelangelo
3 Raffael
4 Tizian

DIE AUFLÖSUNG

DEUTSCHSPRACHIGE LITERATUR

FRAGE 1

Goethes Faust hat, ausweislich des berühmten Monologs in dem Drama, viele Fächer studiert. Welches nicht?

Germanistik

FRAGE 2

Wie heißt die deutschsprachige literarische Vorlage des Films »Eyes Wide Shut« von Stanley Kubrick?

»Traumnovelle« von Arthur Schnitzler

FRAGE 3

Wer schrieb das mittelalterliche Versepos »Tristan«?

Gottfried von Straßburg

FRAGE 4

Im Roman »Homo faber« von Max Frisch hat der Held ein Verhältnis ...

mit seiner Tochter.

FRAGE 5

Wo hielt Martin Walser 1998 seine umstrittene Rede, in der er sich gegen eine »Instrumentalisierung« des Holocausts aussprach?

In der Frankfurter Paulskirche

FRAGE 6

In welchem Jahrhundert erfand Johannes Gutenberg den Buchdruck?

15. Jahrhundert

FRAGE 7

Was war 1973 die Ursache des Todes der österreichischen Dichterin Ingeborg Bachmann?

Brennende Zigarette

FRAGE 8

Heinrich von Kleist beschrieb in einer Erzählung einen Rächer, der aus seinem Gerechtigkeitsempfinden heraus mit dem Gesetz in Konflikt gerät. Wie heißt der Mann?

Michael Kohlhaas

FRAGE 9

Wer gewann nicht den Literaturnobelpreis?

Christa Wolf

FRAGE 10

Welches Zitat stammt aus Schillers »Das Lied von der Glocke«?

Doch mit des Geschickes Mächten ist kein ewger Bund zu flechten.

FRAGE 11

Welcher Literaturepoche wird der Dichter Novalis zugeordnet?

Romantik

FRAGE 12

Wer prägte mit seiner Bibelübersetzung maßgeblich die deutsche Sprache?

Martin Luther

FRAGE 13

Welcher deutsche Schriftsteller jüdischer Herkunft emigrierte 1831 nach Paris?

Heinrich Heine

FRAGE 14

Mit welchem Roman wurde Benjamin von Stuckrad-Barre bekannt?

Soloalbum

FRAGE 15

Oskar Matzerath, der Held aus der »Blechtrommel« von Günter Grass, verfügt über eine ungewöhnliche Gabe. Er kann ...

mit seiner hohen Stimme Glas zerbersten lassen.

FRAGE 16

Was ruft der Marquis von Posa in Schillers Drama »Don Carlos«?

»Geben Sie Gedankenfreiheit«

FRAGE 17

Die Schriftstellerin Herta Müller aus Berlin hat 2009 den Literaturnobelpreis gewonnen. Wo ist sie geboren und aufgewachsen?

Rumänien

FRAGE 18

Welcher Versfuß wird Daktylus genannt?

Lang, kurz, kurz

FRAGE 19

Wie heißt die literarische Vereinigung, die von prominenten westdeutschen Autoren und Kritikern der Nachkriegsjahre gebildet wurde?

Gruppe 47

FRAGE 20

Von welchem Autor stammt der Text der DDR-Nationalhymne »Auferstanden aus Ruinen«?

Johannes R. Becher

FRAGE 21

Im August 1995 zeigte ein SPIEGEL-Titelbild eine Fotomontage: Der Kritiker Marcel Reich-Ranicki zerriss das damals neue Buch von Günter Grass. Welches Buch rezensierte Reich-Ranicki?

Ein weites Feld

FRAGE 22

Wie lautet der Titel des Bestsellers von Thilo Sarrazin?

»Deutschland schafft sich ab«

FRAGE 23

Diese Stadt ist der Schauplatz des berühmten Romans ...

»Buddenbrooks« von Thomas Mann.

FRAGE 24

Ferdinand von Schirach hat seine kriminalistischen Kurzgeschichten unter den Titeln »Verbrechen« und »Schuld« zu Bestsellern gemacht. Welchem Beruf geht der Autor nach?

Rechtsanwalt

FRAGE 25

Welcher deutsche Schriftsteller war während des 2. Weltkriegs nach eigenen Angaben bei der Waffen-SS?

Günter Grass

FRAGE 26

Monika Marons Roman »Flugasche« von 1981 beschreibt ...

die Umweltverschmutzung in der DDR.

FRAGE 27

Wer ist dieser Schriftsteller?

Thomas Mann

FRAGE 28

Wen tötet Hagen im Nibelungenlied mit dem Speer?

Siegfried

FRAGE 29

Im Jahre 1893 wurde Gerhart Hauptmanns Theaterstück »Die Weber« uraufgeführt. Was ist der historische Hintergrund dieses Dramas?

Der Weberaufstand in Schlesien von 1844

FRAGE 30

Wo steht dieses Denkmal von Goethe und Schiller?

Weimar

INTERNATIONALE LITERATUR

FRAGE 31

Wie heißt die berühmte Hobbydetektivin in den Kriminalromanen von Agatha Christie?

Miss Marple

FRAGE 32

Welchen Sport treibt Harry Potter?

Quidditch

FRAGE 33

Welcher russische Autor lehnte die Annahme des ihm zugesprochenen Nobelpreises auf Druck der sowjetischen Machthaber ab?

Boris Pasternak

FRAGE 34

Ajatollah Chomeini rief 1989 zum Mord an Salman Rushdie auf. Welcher Roman des Autors erregte den Zorn des iranischen Revolutionsführers?

»Die satanischen Verse«

FRAGE 35

In welchem lateinamerikanischen Roman spielt der Sturz des chilenischen Präsidenten Salvador Allende eine Rolle?

»Das Geisterhaus« von Isabel Allende

FRAGE 36

Wer ist das?

William Shakespeare

FRAGE 37

Welcher Sänger ist seit Jahren als Kandidat für den Literaturnobelpreis im Gespräch?

Bob Dylan

FRAGE 38

Welche Strafarbeit verhilft Tom Sawyer zu einem einträglichen Vergnügen?

Das Streichen eines Zauns

FRAGE 39

Wie heißt der Gefährte von Robinson Crusoe?

Freitag

FRAGE 40

Aus welchem Roman stammt der Slogan »Big Brother is watching you«?

»1984« von George Orwell

FRAGE 41

Wer ist das?

Don Quichotte und Sancho Pansa

LÖSUNGEN

FRAGE 42

Marguerite Duras hat in einem autobiografischen Roman, der auch verfilmt wurde, ihre Kindheit in Indochina geschildert. Der Titel bezeichnet zugleich die Funktion der männlichen Hauptperson des Buches:

Der Liebhaber

FRAGE 43

Womit bestrafen griechische Frauen in der Komödie »Lysistrata« von Aristophanes ihre kriegslüsternen Männer?

Liebesentzug

FRAGE 44

In welchem Drama findet sich folgender Dialog: »Wenn sie dich sehn, sie werden dich ermorden.« »Ach, deine Augen drohn mir mehr Gefahr als zwanzig ihrer Schwerter.«?

Romeo und Julia

FRAGE 45

Leon Uris schreibt in einem Roman von einem Schiff mit Holocaust-Überlebenden auf dem Weg nach Palästina. Wie heißt es?

Exodus

FRAGE 46

Vladimir Nabokovs bekannter Roman schildert die Liebe zwischen einem knapp Vierzigjährigen und der minderjährigen ...

Lolita.

FRAGE 47

Welcher Bestseller-Autor war als Diplomat an der britischen Botschaft in Bonn beschäftigt?

John le Carré

FRAGE 48

Welche politische Strömung kritisiert der niederländische Autor Leon de Winter (»Hoffmans Hunger«) in seinen Essays?

Islamismus

FRAGE 49

Welcher Krieg wird in Margaret Mitchells Roman »Vom Winde verweht« beschrieben?

Amerikanischer Bürgerkrieg

FRAGE 50

In welchem Theaterstück von Molière ist ein Hypochonder die Hauptfigur?

Der eingebildete Kranke

FRAGE 51

Fjodor Dostojewskis Roman »Schuld und Sühne« wurde 1994 von Swetlana Geier neu ins Deutsche übersetzt und trägt nun den Titel ...

»Verbrechen und Strafe«.

FRAGE 52

Der Name dieser Schriftstellerin ist im Titel eines Theaterstücks von Edward Albee enthalten:

Virginia Woolf

FRAGE 53

Nach welchem Autor des 18. Jahrhunderts ist eine sexuelle Präferenz benannt?

Marquis de Sade

FRAGE 54

Unter welchem Pseudonym veröffentlicht die Krimi-Autorin Ruth Rendell ebenfalls Romane?

Barbara Vine

FRAGE 55

Der Name einer Krankheit findet sich im Titel eines bekannten Romans von Albert Camus:

Die Pest

FRAGE 56

Alexander Solschenizyn schrieb über seine Leidenszeit in sowjetischen Arbeitslagern den Roman »Ein Tag im Leben des ...

Iwan Denissowitsch«.

FRAGE 57

Mit welchem amerikanischen Schriftsteller war diese Schauspielerin verheiratet?

Arthur Miller

FRAGE 58

Worunter leidet Flauberts Madame Bovary?

Monotonie ihres Ehelebens

FRAGE 59

In Shakespeares »Hamlet« heißt es: »Etwas ist faul im Staate ...

Dänemarks.«

LÖSUNGEN

FRAGE 60

Was ist das Thema des Romans »Onkel Toms Hütte« der US-Amerikanerin Harriet Beecher Stowe?

Sklaverei

MUSIK UND TANZ

FRAGE 61

Wer hat eine Symphonie mit dieser Melodie im Schlusssatz geschrieben?

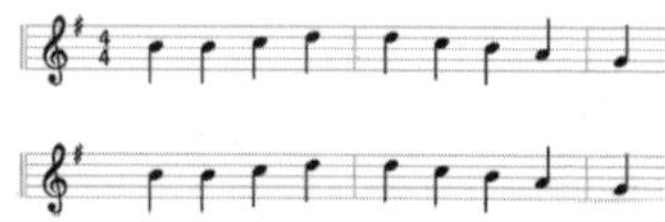

Beethoven

FRAGE 62

Wie heißt ein bekannter Gangsta-Rapper?

50 Cent

FRAGE 63

Welches Instrument kann ein »Fernwerk« haben?

Orgel

FRAGE 64

Wie heißt das berühmte musikalische Märchen von Sergej Prokofjew?

Peter und der Wolf

FRAGE 65

Seit wann nehmen die Wiener Philharmoniker auch Frauen auf?

1997

FRAGE 66

Was verbindet Elvis Presley mit Deutschland?

Er verbrachte dort einen Teil seines Wehrdienstes.

FRAGE 67

Wie viele Saiten hat eine klassische Gitarre normalerweise?

Sechs

FRAGE 68

Welcher Dirigent spielte eine wichtige Rolle beim Sturz des DDR-Regimes 1989?

Kurt Masur

LÖSUNGEN

FRAGE 69

Wo sitzen in dieser Orchesteraufstellung die ersten Geigen?

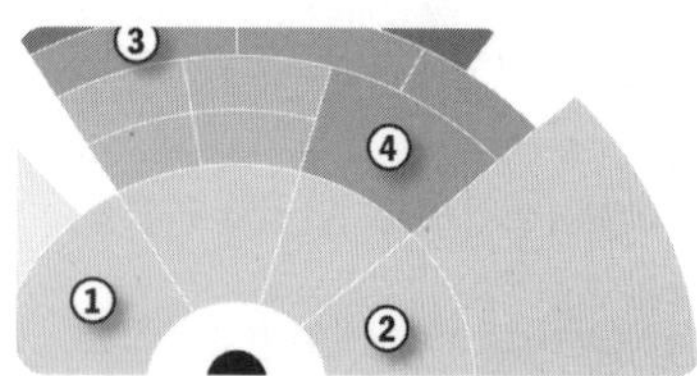

1

FRAGE 70

Wie wird der Ort bezeichnet, an dem das Bayreuther Festspielhaus steht?

Grüner Hügel

FRAGE 71

Wo ist Herbert Grönemeyer aufgewachsen?

Bochum

FRAGE 72

Wer hat die Melodie der deutschen Nationalhymne komponiert?

Haydn

FRAGE 73

Was ist das meistverkaufte Album der Musikgeschichte?

Thriller (Michael Jackson)

FRAGE 74

Welche Stadt spielte eine herausragende Rolle in der frühen Entwicklung des Jazz?

New Orleans

FRAGE 75

Für welche von Mozarts Opern schuf Karl Friedrich Schinkel dieses berühmte Bühnenbild?

Die Zauberflöte

FRAGE 76

Welche Stadt ist bekannt für ihr Festival zu Neuer Musik?

Donaueschingen

FRAGE 77

Wie hieß das große Benefizkonzert, das 1985 in London und Philadelphia stattfand?

Live Aid

FRAGE 78

Woodstock 1969: Wer war nicht dabei?

Bob Dylan

FRAGE 79

Die Querflöte ist ein ...

Holzblasinstrument.

FRAGE 80

Was ist keine Jazz-Richtung?

Crazy Jazz

FRAGE 81

Welches deutschsprachige Lied hat es als erstes auf Platz 1 der US-amerikanischen Single-Hitparade geschafft?

Rock me Amadeus (Falco)

FRAGE 82

Wie nennt man diesen Notenschlüssel?

Violinschlüssel

FRAGE 83

Leonard Bernsteins Musical »West Side Story« greift einen Stoff von Shakespeare auf. Welchen?

Romeo und Julia

FRAGE 84

Wie viele Grundpositionen zählt man beim klassischen Ballett?

5

FRAGE 85

Aus welchem Land stammt die Popsängerin Lady Gaga?

USA

FRAGE 86

Welche Verdi-Oper geht auf den Roman »Die Kameliendame« zurück?

La traviata

FRAGE 87

Was wird normalerweise für den Bogen eines Streichinstruments verwendet?

Pferdehaare

FRAGE 88

Wer ist das?

Ludwig van Beethoven

FRAGE 89

Wo wirkte die Tanzchoreografin Pina Bausch?

Wuppertal

FRAGE 90

Wie heißt ein berühmtes Ballett?

Nussknacker

FILM UND FERNSEHEN

FRAGE 91

Alljährlich werden die schlechtesten Filme ausgezeichnet. Womit?

Goldene Himbeere

FRAGE 92

Wo wird die »Lindenstraße« gedreht?

Köln

FRAGE 93

Wie heißt Tom Toelles berühmter Fernsehfilm von 1970?

Das Millionenspiel

FRAGE 94

Wann wurde das erste Filmstudio in Hollywood eröffnet?

1911

FRAGE 95

Was zeigt die berühmte Filmszene der Brüder Lumière, die als eine der ersten Filmszenen der Kinogeschichte gilt?

Lokomotive

FRAGE 96

Wie viele verschiedene Filme fürs Kino wurden von »Der Pate« erstellt?

3

FRAGE 97

Welcher Film erzielte die höchsten Einnahmen?

Avatar

FRAGE 98

Welcher deutsche Film fand in den USA die meisten Zuschauer?

Die unendliche Geschichte

FRAGE 99

Wie heißt der »Tatort«, der Nastassja Kinski große Bekanntheit verschaffte?

Reifezeugnis

FRAGE 100

Wodurch zeichnet sich ein Film aus, der den Vorgaben des »Dogma 95«-Manifests, unterschrieben unter anderem von Lars von Trier, entspricht?

Handkamera

FRAGE 101

Wo spielt die preisgekrönte TV-Serie »Mad Men«?

Werbeagentur

FRAGE 102

In welcher deutschen Stadt spielt ein James-Bond-Film?

Hamburg

FRAGE 103

Wer schrieb die Titelmelodie der »Tatort«-Fernsehreihe?

Klaus Doldinger

FRAGE 104

In welchem Land wurde Charlie Chaplin geboren?

Großbritannien

FRAGE 105

Bei der Berlinale 2011 war ein Juror nicht anwesend, weil er zu einer Haftstrafe verurteilt worden war. Wo?

Iran

FRAGE 106

Forrest Gump sagt im gleichnamigen Film: »Meine Mama hat immer gesagt, das Leben ist wie eine ...

Schachtel Pralinen.«

FRAGE 107

Drei Filme gewannen jeweils elf Academy Awards (»Oscars«). Welcher nicht?

Gangs of New York

FRAGE 108

Welchen Satz sagt Humphrey Bogart in »Casablanca« nicht?

Morgen ist ein neuer Tag.

FRAGE 109

Welche Vogelart findet sich unter den Angreifern in Hitchcocks »Die Vögel«?

Raben

FRAGE 110

Wer spielt keine wichtige Rolle in einem Film von Steven Spielberg?

Löwe

FRAGE 111

Welcher bekannte deutsche Regisseur begleitete die deutsche Fußball-Nationalmannschaft während der Weltmeisterschaft 2006?

Sönke Wortmann

FRAGE 112

Die Vorsitzende der Berlinale-Jury 1986, Gina Lollobrigida, sorgte für einen Skandal, weil sie öffentlich bekundete, dass sie nicht mit der Kür des besten Films einverstanden war. Wie hieß der Film?

Stammheim

FRAGE 113

Wer spielt nicht in Wolfgang Petersens »Das Boot« mit?

Heiner Lauterbach

FRAGE 114

Wie nennt man die Neuerungen des französischen Films ab den 1950er-Jahren?

Nouvelle Vague

FRAGE 115

Wer nahm großen Einfluss auf zahlreiche deutsche Filmproduktionen während der nationalsozialistischen Herrschaft?

Joseph Goebbels

FRAGE 116

Wo machen die »Easy Rider« Dennis Hopper und Peter Fonda Station?

New Orleans

FRAGE 117

Wann fand die erste Filmvorführung vor einem zahlenden Publikum in Deutschland statt?

1895

FRAGE 118

Was gehört nicht in die Drei-Farben-Trilogie des polnischen Regisseurs Krzysztof Kieslowski?

Lila

FRAGE 119

Nur einer der genannten Regisseure hat einen Academy Award (»Oscar«) gewonnen. Wer?

Roman Polanski

FRAGE 120

Aus welchem Film stammt diese Szene?

Das verflixte 7. Jahr

BILDENDE KUNST

FRAGE 121

Dieses berühmte Gemälde von Jan Vermeer van Delft heißt:

Das Mädchen mit dem Perlenohrring

FRAGE 122

Was bildet ein Stillleben nicht ab?

Spielende Kinder

FRAGE 123

Wie heißt der Kreis von Künstlern, der 1911 in München unter anderem von Wassily Kandinsky und Franz Marc gegründet wurde?

Der Blaue Reiter

FRAGE 124

Wo ließ sich Paul Gauguin zu seinen Bildern inspirieren, die wegen ihrer Farbe und Flächigkeit bekannt wurden?

Südsee

FRAGE 125

Welcher dieser Baustile ist der älteste?

Romanik

FRAGE 126

Aus welchem Land stammt die Künstlerin Frida Kahlo?

Mexiko

FRAGE 127

Wer schuf den Isenheimer Altar?

Matthias Grünewald

FRAGE 128

René Magrittes bekannter Satz lautet: »Dies ist keine ...

Pfeife.«

FRAGE 129

Was ist auf Carl Spitzwegs Bild »Der arme Poet« über dem Bett zu sehen?

Regenschirm

FRAGE 130

Wo befindet sich das Gemälde »Mona Lisa«?

Paris

FRAGE 131

Die Ausstellung im Sommer 2012 in Kassel ist die wievielte in der »Documenta«-Reihe?

13

FRAGE 132

Welches Museum befindet sich in einem ehemaligen Ölkraftwerk?

Tate Modern (London)

FRAGE 133

Aus wie vielen Teilen besteht ein Diptychon?

2

FRAGE 134

Wo lehrte Joseph Beuys?

Düsseldorf

FRAGE 135

Was zeigt eine berühmte Serie von Andy Warhol?

Tomatensuppendosen

FRAGE 136

Was wurde zur Herstellung der Farben benutzt, die vor allem vom 12. bis zum 15. Jahrhundert in der Malerei verwendet wurden?

Ei

FRAGE 137

Wo befindet sich dieses weltberühmte Fresko?

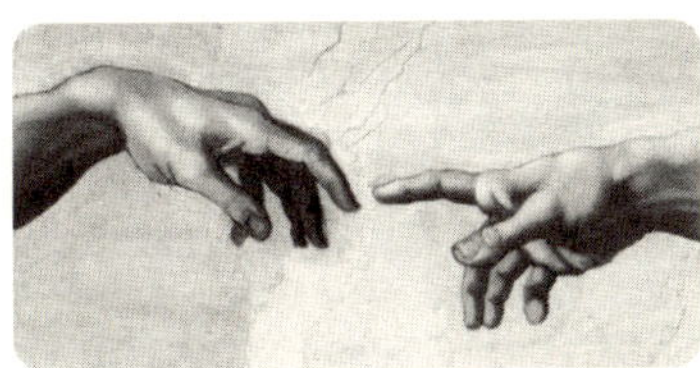

Vatikan

FRAGE 138

Beim »Goldenen Schnitt« steht der kurze zum langen Teil im Verhältnis von:

5:8

FRAGE 139

Piet Mondrians berühmtes Bild heißt: Komposition mit ...

Rot, Gelb und Blau.

FRAGE 140

Für welche Epoche ist der Spitzbogen typisch?

Gotik

FRAGE 141

Wer hat dieses Kunstwerk geschaffen?

Jackson Pollock

FRAGE 142

Die Skulptur welches Künstlers erzielte 2010 den Rekordpreis von umgerechnet rund 74 Millionen Euro?

Giacometti

FRAGE 143

Welches Museum zählt nicht zur Berliner Museumsinsel?

Neue Nationalgalerie

FRAGE 144

Was verlor Vincent van Gogh?

Ein Ohr

FRAGE 145

Dieses Gemälde heißt »Leda mit dem Schwan«. Wer hat es gemalt?

Peter Paul Rubens

FRAGE 146

Welche Kirche malte Claude Monet mindestens 30 Mal?

Kathedrale von Rouen

FRAGE 147

Was befindet sich auf dem Schädel, mit dem der Brite Damien Hirst 2007 Aufmerksamkeit erregte?

Diamanten

FRAGE 148

Wessen Kirche in Barcelona ist nach wie vor nicht zu Ende gebaut?

Antoni Gaudí

FRAGE 149

Wo wurde die Ausstellung »Entartete Kunst« 1937 erstmals gezeigt?

München

FRAGE 150

Dieses SPIEGEL-Titelbild zitiert das berühmte Werk »Geburt der Venus«. Von wem stammt das Werk?

Botticelli

WAS WIR WISSEN – UND WAS NICHT

»DIES IST KEINE KUNST« – DIE ANALYSE DER TESTERGEBNISSE

Die Frage war kurz, die Aufregung gewaltig. »Wer war William Shakespeare?«, hatte der junge Mann auf dem Sofa in einem Kölner Vorort wissen wollen. Hingerotzt die Frage, hingelümmelt der Mann, auf Umgangsformen wurde kein übermäßiger Wert gelegt in dieser Wohngemeinschaft namens »Big Brother«. Warum die illustre Runde, die dort versammelt war, überhaupt auf den englischen Dichter zu sprechen gekommen war, ist heute nicht mehr so leicht nachzuvollziehen. Der Debattenbeitrag des Mechanikers Zlatko Trpkovski aber sorgte dafür, dass mal wieder der Untergang des Abendlandes befürchtet wurde, außerhalb des Containers jedenfalls.

Diesen Shakespeare? »Doch, den kenn' ich schon«, hatte Zlatko Trpkovski noch behauptet, bevor er zugab: »Was der alles gemacht hat, keine Ahnung.« Eine Mitbewohnerin der Container-WG gab sich wissend, sie erklärte ihm, Shakespeare sei »schon ein Dichter, im Endeffekt«. Den Hollywood-Film »William Shakespeares Romeo + Julia« mit Leonardo DiCaprio, den könne er sich doch mal ausleihen und anschauen. »Ach, den hab' ich schon gesehen, den hab' ich ja zu Hause«, antwortete Zlatko Trpkovski. Gefallen gefunden habe er daran nicht: »Dieses Deppengeschwätz, wo ich nach zehn Minuten weggeschaltet habe, ja, wo ich nach zehn Minuten keinen Bock mehr hab', was die für einen Scheiß da labern, die wiederholen sich vierzig Mal.«

Das saß. Der Kulturnation hätte es natürlich herzlich egal sein können, was da in einem Container in Köln gequatscht wird, sie hätte – wenn man es so ausdrücken will – einfach wegschalten können und keinen Bock mehr haben auf den Scheiß, der da gelabert wird. Aber: Es war ihr nicht egal. Die Bildungslücke des jungen Mannes wurde heiß diskutiert in jenen ersten Monaten des 21. Jahrhunderts. Sie trug dazu bei, dass Zlatko Trpkovski, von seinen Fans »Sladdi« oder auch »the Brain« genannt, bald allgemein bekannt war. Gekürt wurde er wahlweise zu »Deutschlands berühmtesten Kulturbanausen« (Berliner Zeitung) oder zum »neuen Hofnarren der Nation« (Abendzeitung). An seiner Person entsponnen sich oftmals die Betrachtungen, die über das neue Fernsehformat angestellt wurden, seinerseits gedeutet als »TV-Revolution« (SPIEGEL) oder »erste kulturelle Metapher des neuen Jahrtausends« (ZEIT).
Auch die Wissenschaft beschäftigte sich mit dem Phänomen. Ein Professor für Mediendidaktik räsonierte in einem Zeitungsbeitrag: »Für die Jugend hat Wissen keinen nennenswerten Prestige- oder Statuswert mehr wie für frühere Generationen. Die öffentliche Diskussion um das fröhliche Eingeständnis des Big-Brother-Container-Bewohners Zlatko, er wisse nicht, wer Shakespeare sei, hat diesen Mentalitätswandel exemplarisch aufgezeigt.« Die Überschrift des Beitrags lautete: »Der Mythos vom Wissenskanon« (Süddeutsche Zeitung).
Da war sie also wieder, die große Debatte, nicht zum ersten und nicht zum letzten Mal. Die Debatte über die Frage: Was soll oder muss man heute wissen? Vorausgeschickt wird dieser Frage ja häufig die Feststellung, dass die meisten Leute, jedenfalls die jungen, sowieso nichts mehr wissen. Ein Wehklagen über die junge Generation, das sich – nebenbei bemerkt – durchaus in Shakespear'sche

Tradition rücken ließe: »Ich wollte, es gäbe gar kein Alter zwischen zehn und dreiundzwanzig, oder die jungen Leute verschliefen die ganze Zeit: Denn dazwischen ist nichts, als den Dirnen Kinder schaffen, die Alten ärgern, stehlen, balgen.« So steht's im »Wintermärchen«.

Die SPIEGEL-Redaktion wollte genauer wissen, was die Deutschen – jung wie alt – heute von Kunst und Kultur verstehen. Darum hat sie den großen SPIEGEL-Wissenstest KULTUR erarbeitet, dessen vollständige Fassung in diesem Buch zu finden ist. Zunächst entwarfen Redakteure und Dokumentare des SPIEGEL zahlreiche Fragen. In einem Vortest mit mehreren Tausend Teilnehmern wurde dann die Tauglichkeit aller Fragen überprüft, bevor die Redaktion den endgültigen Fragenkatalog zusammenstellte. Auszüge daraus wurden im Mai und Juni 2011 bei SPIEGEL ONLINE veröffentlicht. Mehr als hunderttausend Menschen versuchten sich an einer Auswahl von jeweils 45 Fragen. Die Ergebnisse, die in diesem Buch präsentiert werden, basieren auf den Angaben der ersten 82 600 Teilnehmer.

Einige Ergebnisse im Überblick: Im Durchschnitt wissen die Teilnehmer rund zwei Drittel der Aufgaben zu lösen. Je höher der formale Bildungsabschluss, desto besser das Abschneiden im Test; Teilnehmer mit Promotion oder Habilitation liegen deutlich über dem Durchschnitt. Nicht unerwartet zeigt sich ein weiterer Zusammenhang. Je mehr Bücher im Haushalt, desto besser das Testergebnis. Wer mehr als 250 Bücher besitzt, schneidet sehr gut ab und deutlich besser als Teilnehmer mit maximal 50 Büchern. Die meisten Menschen scheinen im Übrigen in der Lage zu sein, ihren Wissensstand einzuschätzen. Die Teilnehmer, die ihr Wissen als »sehr gut« bezeichnen, schneiden tatsächlich am besten ab.

Im Geschlechtervergleich wiederum zeigt sich beim SPIEGEL-Wissenstest KULTUR kein großer Unterschied.

Frauen wie Männer lösen ungefähr gleich viele Aufgaben. Das ist nicht so selbstverständlich, wie es klingen mag. Frühere Wissenstests der SPIEGEL-Redaktion haben teilweise große Unterschiede aufgezeigt. »Dramatische Differenz«, so lautete die Überschrift eines ersten großen Artikels. Der Befund: Selbst bei gleichem Ausbildungsstand erzielen Männer bessere Ergebnisse als Frauen. Schon bei diesem ersten Test im Jahr 2009 aber wurde deutlich, dass Frauen nur in manchen Wissensgebieten schlechter abschneiden als Männer, etwa in Politik und Wirtschaft. Bei Fragen zu Kunst und Kultur näherten sich die Resultate beider Geschlechter an. Dieses Ergebnis bestätigt der vorliegende SPIEGEL-Wissenstest KULTUR. Frauen und Männer schneiden im Durchschnitt ungefähr gleich gut ab. Bei etlichen Aufgaben liegen die Frauen sogar vorne, unter anderem bei den Fragen nach der Herkunft von Frida Kahlo (Frage 126) und nach dem Leiden von Flauberts »Madame Bovary« (Frage 58).

Für jede einzelne Frage, die in der Online-Fassung des Wissenstests enthalten war, wurden die Antworten und weitere Angaben der Teilnehmer sorgfältig ausgewertet; selbstverständlich anonymisiert und aggregiert, sodass keine Rückschlüsse auf einen einzelnen Teilnehmer möglich sind, aber präzise Aussagen über die gesamte Teilnehmerschaft. So lässt sich leicht erkennen, welche Fragen große Probleme bereiteten und welche nicht. Als besonders leicht können elf der 150 Fragen gelten, sie werden von mehr als 90 Prozent der Teilnehmer richtig beantwortet. Einige Beispiele: Die berühmte Hobbydetektivin in Agatha Christies Kriminalromanen heißt *Miss Marple*, der Gefährte von Robinson Crusoe *Freitag* und der bekannte Gangsta-Rapper *50 Cent* (Fragen 31, 39, 62). Das weltberühmte Fresko, das auf Seite 90 ausschnittsweise abgebildet ist, befindet sich im *Vatikan*, die »Mona Lisa« in *Paris*, und Herbert Grönemeyer hat lange in *Bochum* gelebt (Fragen 137, 130, 71).

Andere Aufgaben hingegen sind äußerst knifflig und lassen mehr als drei Viertel der Teilnehmer scheitern. Wo machen die »Easy Rider« Dennis Hopper und Peter Fonda Station (Frage 116)? Deutlich mehr als die Hälfte der Teilnehmer tippt auf San Francisco – leider falsch. Die richtige Antwort, *New Orleans,* geben nur 24 Prozent. Und welcher russische Autor die Annahme des ihm zugesprochenen Nobelpreises auf Druck der sowjetischen Machthaber abgelehnt hat (Frage 33)? Gleich zwei falsche Antworten, Alexander Solschenizyn und Andrej Sacharow, werden häufiger genannt als die richtige: *Boris Pasternak.* Große Probleme bereiten auch der Isenheimer Altar (Frage 127) sowie ein Kleid, das über einem U-Bahn-Schacht den Blick auf Marilyn Monroes Beine freigibt: Aus welchem Film stammt diese Szene (Frage 120)? Nur gut jeder fünfte Teilnehmer tippt richtigerweise auf »*Das verflixte 7. Jahr*«. Ein unfreiwilliges Statement zur Kunst geben viele Teilnehmer bei einer anderen kniffligen Frage ab. René Magrittes bekannten Satz »Dies ist keine ...« wissen nur rund 30 Prozent der Teilnehmer zu vollenden: »... *Pfeife*« (Frage 128). Beliebter ist eine andere, falsche Antwort: »Dies ist keine Kunst.«

Schließlich: Schillers »Glocke«, die deutsche Ballade. Der Wissenstest fragt nach einem Zitat aus dem angeblich so bekannten Werk (Frage 10). Nur knapp jeder dritte Teilnehmer kennt die richtige Antwort: *Doch mit des Geschickes Mächten ist kein ewger Bund zu flechten.* Die Mehrheit hingegen scheitert kläglich. Ihre falschen Antworten passen irgendwie zu einem Wissenstest, richtig sind sie deshalb noch lange nicht. »Zwar weiß ich viel, doch möcht' ich alles wissen«, lautet eine dieser falschen Antworten.

Eine andere: »Es irrt der Mensch, solang' er strebt«. Quod erat demonstrandum.
Die Glocken-Frage ist ein gutes Beispiel dafür, dass Kulturwissen, wie es auch in diesem Band abgefragt wird, keinesfalls gleich über die Generationen verteilt ist. Unter den jüngeren Teilnehmern, unter 30 Jahren, erkennt nur jeder Vierte das Schiller-Zitat. Betrachtet man nur Studenten, steigt der Anteil auf ein knappes Drittel. Doch das ist alles nichts gegen die älteren Herrschaften, die Teilnehmer ab 60 Jahren: Deutlich mehr als die Hälfte von ihnen, genau 58 Prozent, ordnet das Glocke-Zitat richtig zu. Ist das exemplarisch? Wissen jüngere Teilnehmer wenig, ältere Teilnehmer aber deutlich mehr? Ja, so ganz falsch ist ein solches Fazit nicht, wenn man auf die Gesamtergebnisse der Generationen schaut. Ein genauerer Blick aber zeigt, dass die unter 30-Jährigen keineswegs bei allen Fragen unterlegen sind. Im Gegenteil, manchmal schneiden sie deutlich besser ab: unter anderem bei Popstars wie Lady Gaga, 50 Cent und Benjamin von Stuckrad-Barre (Frage 85, 62, 14); bei den Filmen »Avatar«, »Der Pate«, »Forrest Gump« und Hitchcocks »Die Vögel« (Fragen 97, 96, 106, 109); bei den Academy Awards, den »Oscars«, und auch ihrem Gegenstück, der »Goldenen Himbeere« (Fragen 107, 91).
Das alles erscheint nicht sonderlich überraschend; welcher Rentner beschäftigt sich schon mit aktuellen Popstars. Spannender ist deshalb eine andere Frage: ob das alles überhaupt zählt. Darf auch Lady Gaga oder nur Lady Macbeth in einem Wissenstest auftauchen? Muss man Stuckrad-Barre wirklich auf derselben Doppelseite erwähnen wie Luther, Novalis, Heine, Grass? Was hat ein Gangsta-Rapper in einem Wissenstest verloren, der Schubert nur als falsche Antwort aufführt – und Mendelssohn Bartholdy gar nicht? Die Reihe dieser Fragen ließe sich

beliebig fortsetzen, die Antwort der SPIEGEL-Redaktion wird immer lauten: Jetzt bitte mal zurücklehnen und nicht so streng sein, wer sich dem einen öffnet, schätzt doch nicht dadurch das andere gering.
Und Shakespeare? Ja, keine Sorge, Shakespeare taucht in dem SPIEGEL-Wissenstest auf: nicht einmal, nicht zweimal, sondern dreimal. Gefragt wird nach einem »Hamlet«-Zitat. Dass etwas faul ist im Staate *Dänemarks*, das wissen rund neun von zehn Teilnehmern (Frage 59). Gefragt wird auch danach, welchen Shakespeare-Stoff Leonard Bernsteins Musical »West Side Story« aufgreift (Frage 83). Drei Viertel der Teilnehmer geben die richtige Antwort: Romeo und Julia. Damit nicht genug, noch eine dritte Frage des Wissenstests beschäftigt sich mit dem großen Dichter. »Wer ist das?« (Frage 36), ganz ähnlich hatte es ja auch ein gewisser Zlatko Trpkovski wissen wollen. Die beruhigende Erkenntnis: Die Test-Teilnehmer scheinen sich ganz gut auszukennen. Sieben von zehn tippen auf die richtige der vier Antworten – William Shakespeare eben.

»KULTUR WAR IMMER SCHON PROPAGANDA«

Der Kritiker Hellmuth Karasek über die Bedeutung kulturellen Wissens

Herr Karasek, was ist Kultur?

Kultur ist jede über den bloßen Lebenserwerb oder Lebenserhalt hinausgehende Äußerung und Entäußerung des Menschen.

Also ist Kultur die Gegenwelt zur materiellen Welt?

Die Ergänzungswelt und ihre Spiegelung und ihre zweite Halbschale, ohne die sie nicht sein kann.

Sie sind viele Jahre Kulturchef des SPIEGEL gewesen. Wie hat sich der Kulturbegriff, also das, was man heute zur Kultur zählt, überhaupt entwickelt?

Am Anfang der Menschheitsgeschichte war Kultur etwas Elitäres. Der Ursprung der Kultur liegt in der Religion, schon der Begriff Kult kommt daher. Jede Religion hat eine Priesterschaft, die über ein besonderes Wissen verfügt und es nur an Ausgewählte weitergibt. Kultur war zudem weitgehend denjenigen vorbehalten, die schreiben und lesen konnten oder sich in Bild und Ton auszudrücken in der Lage waren. Erst mit der Buchdruckerkunst und dem Beginn der Neuzeit hat sich der Kulturbegriff ungeheuer erweitert.

Weil sich die Zahl der Empfänger vergrößert hat?

Jedenfalls, wenn sie es sich leisten konnten. Die Fürsten haben mit höfischer Kultur gewetteifert, wer die besten Maler hatte, am französischen Hof Molière, am englischen Hof Shakespeare oder Tasso, Goethes Drama. Kultur war immer auch an Mäzene gebunden, die sich Kultur leisteten. Diese Mäzenatenrolle haben später Städte und Gemeinden und Staaten übernommen. Die Kulturförderung ist dann mit dem Bildungsauftrag eine staatliche Aufgabe geworden.

Von Joseph Beuys stammt die Devise »Jeder Mensch ein Künstler«. Ist Kultur heute also für jedermann zugänglich?
Der Begriff Kultur hat sich mit der Popkultur tatsächlich noch einmal total geweitet. Warhol und andere Künstler der Sechzigerjahre haben gesagt, jeder könne Kultur schaffen, jedenfalls für einen Augenblick.

War zu Beginn Ihrer Karriere als Journalist die Popmusik in den Feuilletons schon akzeptiert?
Nein, überhaupt nicht. Ich habe dann aber Mitte der Sechzigerjahre bei der Stuttgarter Zeitung in einer Wochenendbeilage über das Münchner Beatleskonzert geschrieben. Das war irgendwie unerhört, dass dort, wo sonst immer nur eine neue Bibelausgabe oder ein neues Buch von Grass besprochen wurde, plötzlich die Beatles auftauchten.

Das heißt, die populäre Kultur wurde gesellschaftlich angenommen?
Wobei der SPIEGEL mit seinem Herausgeber Rudolf Augstein zu dieser Öffnung zur Popkultur auf eine seltsame Weise beigetragen hat, sein Heidegger-Gespräch – wenn Sie so wollen: höchste Philosophie – ist als Popkultur im SPIEGEL gelaufen. Das kann man wirklich als einen Meilenstein betrachten.

Das Gespräch wurde 1966 geführt, aber verabredungsgemäß erst nach Heideggers Tod, 1976, veröffentlicht.

Genau, Augstein und Heidegger sind auch noch zusammen gewandert. Es gibt wunderbare Bilder davon. Wir haben so etwas dann noch einmal versucht, in einem Gespräch mit Ernst Jünger. Ich weiß noch, wie Augstein mit Ernst Jünger gesungen hat »In einem Polenstädtchen, da wohnte einst ein Mädchen ...«. Das war ziemlich komisch, und zumindest beim Singen war Jünger fitter als wir damals.

Was hat das mit Popkultur zu tun?
Also Popkultur hatte immer zweierlei, erst einmal kam sie von Warhol, von der Popmusik, vom Jazz; zum anderen kam sie aber, wofür heutzutage Peter Sloterdijk steht, auch von der Philosophie her. Jeder Kulturkritiker kann auch über das Dschungelcamp schreiben, wenn er es kann.

Wann ist denn die Politik ins Feuilleton eingezogen?
Die Politik im Feuilleton war schon immer da. Kultur war immer schon Propaganda, für oder gegen etwas. Ich gebe Ihnen ein deutliches Beispiel: Die UFA war eine Gründung der Obersten Heeresleitung im 1. Weltkrieg.

Ein politisiertes Feuilleton wie heute, in dem sämtliche politischen Tagesereignisse auch in den Feuilletons behandelt und diskutiert werden, hat es doch früher nicht gegeben. Zumindest in den ersten Nachkriegsjahrzehnten schrieb man eher das klassische Rezensionsfeuilleton.
Das täuscht. Also in den Fünfzigerjahren hatten wir diese ganzen wichtigen Emigranten, die nach Deutschland zurückkehrten. Zum Beispiel Bertolt Brecht. Viele andere mehr. Bei uns, im Feuilleton der Stuttgarter Zeitung, hat Manès Sperber geschrieben, auch ein wichtiger Autor, Ludwig Marcuse schrieb viel für uns. Diese Politisierung der Kultur hing damit zusammen, dass wir nach dem

»Dritten Reich« merkten, dass die Nazis die Kultur missbraucht und benutzt hatten. Also wird man sie auch zur »Reeducation« gebrauchen und benutzen müssen, so dachten wir. Ich glaube, das war ziemlich wichtig, denken Sie an einen politischen Philosophen wie Theodor W. Adorno, der aus Amerika nach Frankfurt zurückkehrte, oder an seinen Kollegen Max Horkheimer, ich habe damals einen Film über Horkheimer gemacht. Die Kritische Theorie fand natürlich auch in den Feuilletons statt.

Würden Sie denn der These zustimmen, dass das Feuilleton heute subjektiver ist, das heißt, dass es vor allem vom Empfinden des einzelnen Rezensenten, des einzelnen Autors geprägt ist?
Es gibt in der Kultur und auch in der Kulturrezension immer Wellenbewegungen. Der Expressionismus war zum Beispiel eine extrem subjektive Zeit. Dann gibt es wieder Zeiten, die das zu objektivieren versuchen. Also: Sturm und Drang ganz subjektiv. Dann Klassik: möglichst objektiv. Das ist ein ewiges Wechselspiel. Der Eindruck, den Sie heute haben, ist völlig richtig, aber das liegt daran, dass es keine universal gebildeten Menschen mehr gibt. Man sagt immer, Leibniz sei der letzte Mensch gewesen, der das totale Wissen seiner Zeit in einer Person vereinen konnte. Ich fürchte, die Subjektivität erklärt sich auch damit, dass wir vieles nicht verstehen. Ich hatte einen Physiklehrer, der uns vor dem Abitur sagte: »Wir kommen heute zur Relativitätstheorie. Die Relativitätstheorie verstehen nur vier bis fünf Leute auf der Erde. Ich werde sie Ihnen jetzt erklären.« Da habe ich damals sehr gelacht, aber aus meiner Bernburger Klasse sind immerhin drei Professoren für theoretische Physik hervorgegangen. Ich gehöre leider nicht dazu.

Sie haben einst die Kollegen im SPIEGEL mit Ihrem großen Repertoirewissen beeindruckt. Was machen Sie heute, wenn Ihnen beim Schreiben ein Name, ein Stück nicht mehr einfällt? Wie gehen Sie vor, wenn Sie sich noch einmal vergewissern wollen?

Meine Frau hat mich dazu überredet, endlich aus dem analogen System in die Neuzeit umzusteigen. Ich habe also inzwischen die Fähigkeit, ein iPad zu bedienen. Meine Frau hat gesagt, das sei idiotensicher, und mit diesem Wort hat sie mich herausgefordert.

Wollte sie Ihnen Mut machen?

In einer gewissen Weise hat sie damit gewonnen. Ich bin immer noch einer, der Nachschlagewerke benutzt. Ich nenne Ihnen einmal die Vorteile von Lexika im Vergleich zu Google oder Wikipedia: Lexika haben ein historisches Gedächtnis. Ich besitze zum Beispiel zwei Lexika, die in der DDR erschienen sind, ich kann genau nachgucken, wann diese blöde Theorie von Lysenko hinfällig wurde, da ist er aus dem Lexikon verschwunden. Ich weiß auch genau, wann Stalin in Ungnade gefallen ist, es heißt da im Lexikon: »Später verfiel er dem Personenkult.« Das Wort ist ein Euphemismus, dem Personenkult fielen Millionen Menschen zum Opfer. Ich bin 1934 in Brünn geboren, ich nehme mir ein Lexikon aus dieser Zeit und ich erfahre, dass damals Brünn etwa 260.000 Einwohner hatte, nur ein Drittel davon waren Deutsche, der Rest Tschechen, die Deutschen bildeten also eine sehr große Minderheit. Ich kann im Lexikon auch genau nachlesen, wann Onanie kein Rückenmarksleiden mehr verursachte. Wenn ich in ein heutiges Lexikon gucke, sehe ich, dass Leningrad wieder St. Petersburg heißt wie damals.

Aber wenn Sie bei Wikipedia St. Petersburg eingeben, dann steht da unter »Geschichte« auch, dass das mal Leningrad hieß.
Zugegeben. Also Lexika haben eingefrorene Geschichte zum Inhalt. Das ist eine Beschränkung, aber auch ein Reiz. Der zweite Reiz ist, dass man in einem Lexikon blättert. Man bleibt immer woanders hängen. Ich weiß nicht, geht Ihnen das bei Wikipedia auch so?

Nein, natürlich nicht. Wenn ich da Leningrad eingebe oder St. Petersburg, kriege ich das und nichts anderes.
Genau. Noch ein Beispiel: Es gibt diesen Streit, warum Marcel Reich-Ranicki 1973 von der ZEIT zur FAZ gewechselt ist. Reich selber sagt, es habe in der ZEIT antisemitische Regungen gegeben. Was die ZEIT ganz empört zurückgewiesen hat. Aber dann hat Reich-Ranicki in der von Karl-Heinz Janßen geschriebenen Geschichte der ZEIT den seltsamen Satz gefunden: »Reich-Ranicki war zu rabulistisch für die Konferenzen in der ZEIT, davor haben sich die Leute gefürchtet.« Wenn Sie in heutige Wörterbücher gucken, heißt rabulistisch nur »philosophisch verworren«. Ich besitze aber das einzige wichtige Lexikon, das in der Nazizeit erschienen ist. Es ist nicht ganz vollständig, es endet ein paar Buchstaben vor Z, weil das 1000-jährige Reich relativ kurz war. Wenn ich da unter »rabulistisch« nachschaue, heißt es »vorwiegend jüdische Geisteshaltung«. Da haben Sie's! Solche Sachen halten nur Bücher fest.

Wie lesen Sie eigentlich Bücher? Wenn Sie wissen, Sie müssen über ein Buch schreiben oder sich im Fernsehen darüber äußern: Haben Sie eine besondere Technik, wie Sie das Gelesene verarbeiten und gedanklich aufbereiten?
Also meine Frau ...

... die Kritikerin Armgard Seegers ...
... liest viel mehr als ich. Mein großer Sohn liest unheimlich viel mehr als ich inzwischen, ich bin etwas langsamer geworden, etwas müder, auch etwas weniger konzentriert. Ich hatte das Glück, dass ich im »Literarischen Quartett« war, man musste à jour sein, wir mussten Bücher zunächst einmal anlesen, ob sie uns überhaupt interessieren ...

Wie funktioniert so ein Anlesen, haben Sie da eine Strategie gehabt?
Ja, man muss erst mal eine gewisse Geduld haben. Wenn Sie, sagen wir einmal, gerade ein Buch gelesen haben, das Ihnen sehr gefällt, dann ist es besonders schwierig. Man kann das mit einer Party vergleichen. Am Anfang denkt man: »Gott ist das hier furchtbar.« Und das bleibt auch furchtbar, wenn man sich nicht irgendwann auf die Gäste, den Gastgeber, die Themen einlässt, und dann sagt man auf einmal: »Das ist ja doch spannend.« Man muss also auch bei einem Buch bereit sein, sich auf die Lektüre einzulassen. Da braucht man etwas Zeit und Geduld.

Sie sprachen eben vom Literarischen Quartett. Wie hat Sie diese Sendung und die damit einhergehende Auseinandersetzung mit Marcel Reich-Ranicki geprägt?
Sie fragen, ob ich mit Reich-Ranicki befreundet oder nicht befreundet bin? Ich habe immer ein schlechtes Gewissen, weil es ihm derzeit nicht gut geht und ich zu lange nicht angerufen habe. Und nun ist seine Frau Tosia gestorben. Das war wohl der schwerste Schlag, der ihn noch treffen konnte. Aber er ist dabei, tapfer wie er ist und wissend, dass es keine Alternative gibt, als allein weiterzumachen. Zurück zu meiner Zeit mit ihm. Ich habe ihm einfach sehr viel zu verdanken. Man müsste ein Idiot sein, das nicht

anzuerkennen, außerdem: Wenn Sie mit jemandem über mehr als ein Jahrzehnt zur gleichen Zeit in die gleichen Bücher reingucken, dann ist das, wie wenn Sie mit dem eine Weltreise machen. Dann können Sie noch unterwegs sagen: »Da liegt ein schönes Gasthaus.« Er sagt: »Das gefällt mir nicht«, und Sie sagen: »Aber wir gehen doch mal rein.« Man teilt wirklich eine Lebenszeit, eine Wanderung durchs Leben, gemeinsam, weil wir immer die gleichen Bücher gelesen haben. Bücher müssen aber auch auf eine bestimmte Gefühlslage bei einem selber treffen. Nicht zufällig ist Philip Roth mein absoluter Lieblingsschriftsteller, weil ich bei ihm meine Alterserfahrung eins zu eins nachlesen kann.

Finden Sie das nicht deprimierend?

Warum? Es ist gleichzeitig solidarisierend. Ich bin auch mit meinem Desaster im Alter nicht allein. An Philip Roth gefällt mir ja gerade, wie gnadenlos er mit sich selber umgeht. Der hat keinerlei Scheu. Ich erinnere mich an »Sabbath's Theater«, wo der Held bei einem Freund unterschlüpft und in der Wäsche der Tochter rumschnüffelt als alter Mann. Das sind widerliche, rührende Geschichten und dass er dazu den Mut hat. Was man bei Philip Roth lernen kann, das ist das Schicksal einer Generation, ob nun in Amerika oder in Deutschland, die ihr Land aufgebaut hat, die eine Zukunftsperspektive verfolgt hat. Philip Roth beschreibt das im »Jedermann«. Die Generation seiner Väter musste für ihre Kinder ein Haus, eine Heimat, eine Gesellschaft schaffen, und ich habe dasselbe mit dem Wiederaufbau in Stuttgart in den Fünfzigerjahren erlebt. Da war Baulärm und ich habe gesagt, der Baulärm stört mich nicht, da wird was aus dem Boden gestampft. Heute sind wir alle um die 70 und denken, um Gottes willen, die werden mir doch hier vor dem Haus keinen neuen

Bahnhof bauen oder einen Baum fällen, ich erlebe den neuen nicht mehr. Das ist ein Lebensgefühl, das mich ein bisschen erschreckt. Noch stärker ist die Flucht in den geistigen Baumhaus-Regress und die Windmühlenromantik nach der Katastrophe in Japan. Ein panischer Umgang mit dem Fortschritt ist die Folge.

Heute ist das Lebensgefühl in Amerika womöglich auch nicht mehr ganz so optimistisch.

Das mag sein. Amerika war aber für meine Generation so ein faszinierendes Land, weil man einfach sagen konnte: »Ich will Amerikaner werden und ich will hier was leisten.« Billy Wilder, dem es am Anfang sehr schlecht ging, erzählte mir mal die schöne Geschichte von seiner Ankunft an der mexikanisch-amerikanischen Grenze, da war so ein Einwanderungsbeamter und der hat gesagt: »Was wollen Sie denn machen?« »Ich will Filme schreiben.« Und da sagte er: »Schreiben Sie gute« und gab ihm den Einreise-Stempel. Das hat Billy Wilder so begeistert, das war dieses Lebensgefühl.

Ihnen fehlt es also an Aufbruchsgeist in unserer Gesellschaft?

Ich plädiere zumindest dafür, dass man dieses merkwürdige Lebensgefühl infrage stellt. Diese Demonstranten in Stuttgart, die holen doch noch ihre Enkel aus der Schule, damit ihre Demonstration gegen den Bahnhof nicht so alt aussieht. Ja, das sind Rentnerdemonstrationen. Ich verstehe das auch. Wenn man alt ist, will man nicht, dass sich was ändert. Aber Nichtverändern ist immer Stillstand. Mir hat übrigens gefallen, dass zur gleichen Zeit, als Stuttgart 21 zum Stillstand kam, die Schweizer den Gotthardtunnel durchbrochen haben. Ich gebe zu, ich bin inzwischen auch etwas schlauer. Die berühmten Schreckensbilder der Siebziger- und Achtzigerjahre, eines habe ich ja in meinem SPIEGEL-Roman beschrieben, das Waldsterben, das ist der völlige Quatsch, in Deutschland stirbt kein Wald. Auch die Startbahn West hat Frankfurt nicht kaputt gemacht, sondern ökonomisch explodieren lassen. Das war doch sehr kurzsichtig, diese Haltung. Leute, die jetzt ohne Übergang in einer 180-Grad-Wende die Atomkraft als Brückentechnologie in einem neuen Köhlerglauben und Kahlschlag radikal schnell beseitigen wollen, halte ich für suspekt. Aber mir schwant: Katastrophen selbst wirken auch nicht nachhaltig. Wie Tschernobyl werden wir auch Fukushima über kurz oder lang beiseiteschieben.

Wir haben jetzt fast ausschließlich über die Literatur gesprochen. Es gibt aber auch den Theaterkritiker Hellmuth Karasek ...
Meist geht nur noch meine Frau in die Premieren und schreibt darüber im Hamburger Abendblatt. Ich gehe häufig nicht mehr mit. Ich habe genug Theater gesehen.

Liegt es an dem Theater, so wie es sich heute darstellt, oder haben Sie wirklich schon zu viel Theater gesehen?
Es liegt an beidem. Schauen Sie, man muss ehrlich sagen, in meinem Alter eine Bayreuth-Vorstellung durchzusitzen, das ist ein grober Angriff auf die Gesundheit. Da können Sie sich danach tagelang nicht mehr bewegen, das ist wie ein Flug über den Atlantik.

Ein Abend im Hamburger Schauspielhaus kann allerdings ähnlich anstrengend sein, und das hat nichts mit der Dauer der Aufführung zu tun.
Beim Hamburger Schauspielhaus gilt dieser wunderbare Polgar-Satz: »Die Vorstellung begann um acht, als ich nach zwei Stunden auf die Uhr guckte, war es halb neun.«

Sie ahnen, dass sich viele über so ein Urteil ärgern werden.

Kultur hat einen Vorteil und einen Nachteil: Man kann sich mit Menschen, die man mag, scheinbar objektiv über Subjektives streiten. Ich erinnere mich, vor vielen Jahren hatten uns gute Freunde dazu überredet, den Film »Ein Mann und eine Frau« von Claude Lelouch anzuschauen. Sie hatten ihn schon gesehen und sagten: »Wir lieben den Film so. Wir gehen sogar euch zuliebe noch einmal mit euch rein.« Die saßen also neben uns, und uns ging der Film ziemlich auf die Nerven, wir haben die ganze Zeit nur darüber nachgedacht, was wir denen später sagen würden. Das heißt, es gibt auch Liebesstreit und Entzweiung darüber, wenn man nach einem Film oder Konzert sagt: »Das fand ich aber großen Mist.« Das ist wie eine persönliche Kränkung.

Streiten Sie auch mit Ihrer Frau über die Qualität von Inszenierungen oder Büchern?

Ich habe mit meiner Frau ganz selten Streit, wenn dann über religiöse Fragen – ich bin nicht religiös –, über ihre negative Beurteilung von Religion. Ich bin alt genug, um zu sagen, man braucht das. Ich sage immer: Wo es die Religion nicht gab, haben sich die Menschen meist noch scheußlicher abgeschlachtet. Unter der Religion der Vernunft haben sie nicht besser gehaust als ohne.

Die Sendung »Das literarische Quartett« lebte nicht zuletzt von Ihrem Streit mit Marcel Reich-Ranicki. Der ist ja bei vielen Autoren gefürchtet, weil er angeblich oder tatsächlich ein nicht immer gerechtes Urteil abgibt. Sie sind als Kritiker nicht ganz so gefürchtet, soweit ich es beurteilen kann. Ist das nur eine Frage des Naturells?

Na ja. Meine beiden großen Söhne haben sich nicht getraut, Grass gegenüber zu erwähnen, dass sie Karasek heißen, da hätte er sie wahrscheinlich sofort hochkant rausgeschmissen.

Sie sehen gar keinen großen Unterschied?
Vielleicht ist es eine Frage der Tonart. Wenn ich sage »Das ist ein schlechtes Buch«, klingt das womöglich freundlicher, als wenn Reich sagt: »Das Buch hat meistens gute Passagen.« Er ist einfach in der Artikulation etwas härter. Sie dürfen aber nicht vergessen, dass Reich sich für viele Autoren mit großer Liebe eingesetzt hat. Es gibt Autoren, die hat er gemacht, das gilt sogar für Thomas Mann. Andere sind ihm auf die Nerven gegangen. Im Prinzip hat er meist recht gehabt.

Können Sie sich an Kritiken erinnern, über die Sie im Nachhinein sagen müssen, Sie hätten sich geirrt?
Ich kann mich an viele erinnern.

Wollen Sie ein Beispiel nennen?
Ja. Ich habe, glaube ich, Siegfried Lenz eine Zeit lang Unrecht getan. Ich weiß noch, dass Lenz bei der Gruppe 47 aus der »Deutschstunde« gelesen hat, und ich sagte dann ziemlich spontan, das sei bloße Kulissenschieberei und langweilig. Das wurde sein erfolgreichstes Buch. Ich glaube, dass es nicht nur deshalb erfolgreich war, weil es schlecht war, sondern auch, weil es gut war. Das würde ich heute schon mal so sehen.

Hat ein Kritiker so etwas wie Verantwortung gegenüber seinen Lesern?
Wenn er seine Karten auf den Tisch legt, wenn er wenigstens zu erklären versucht, wie er zu seinen Urteilen gekommen ist, dann gibt er dem Leser die Möglichkeit, es

nachzuvollziehen. Es gab allerdings auch immer wieder Kritiker, die ich, um ehrlich zu sein, für Idioten hielt. Damit war für mich klar: Immer ist das Gegenteil dessen richtig, was sie schreiben. Das ist ja auch eine gute Orientierungshilfe.

Das heißt, man vertraut einem Kritiker, wenn seine Urteile nachvollziehbar sind?
Leser oder auch Kinozuschauer lesen Rezensionen, um sich zu orientieren. Die wollen einen Tipp bekommen, wollen wissen: Lohnt sich das? Findet der Karasek das gut oder findet er das nicht gut? Insofern spürt man schon so etwas wie Verantwortung, dass man die Leute richtig bedient.

Wenn Sie das ganze Spektrum des klassischen Feuilletons betrachten und eine Prognose abgeben müssten: Glauben Sie, dass es so etwas in 50, in 100 Jahren noch gibt, diese Form von Auseinandersetzung mit Kulturereignissen?
Ich bin mit Voraussagen sehr vorsichtig. Um 1900 hat ein Engländer in einer Zukunftsprognose gesagt, der Londoner Verkehr werde bald endgültig zusammenbrechen. Das scheint einem heute sehr hellsichtig, der Verkehr ist ja inzwischen zusammengebrochen. Aber die Begründung war damals, es gebe zu viel Pferdemist auf der Straße! Die Begründung war also völlig daneben. Was ist in den vergangenen Jahrzehnten nicht schon alles totgesagt worden. Die Literatur, das Kino und jetzt die gedruckte Zeitung. Aber ich glaube, es wird immer etwas geben, wonach Menschen eine Sehnsucht haben. Ich komme mir manchmal ein bisschen wie ein falscher Priester vor, weil die Leute zu mir mit so hohen Erwartungen kommen. Sie sehnen sich nach einem ganz besonderen Buch und fra-

gen mich nach einer Empfehlung. Natürlich kann ich ihnen irgendetwas sagen, aber am Ende müssen sie es selber finden. Ich glaube, dass es Kultur gibt, immer geben wird. Das wirklich Tolle ist, dass Kultur von wunderbaren Gedanken und Assoziationen lebt. So wie wir Klassikerzitate haben, so wie wir heute noch uns mit Begriffen aus Luthers Bibel verständigen. Wir wissen zum Beispiel immer noch, was ein Judaskuss ist.

Hat sich da nicht was verändert? Es gibt heute Akademikerhaushalte, in denen keine Bücher stehen, höchstens ein paar Kochbücher.
Dafür zitieren die zum Beispiel fließend aus der Muppet-Show. Das ist auch Kultur.

Würde Ihnen das wirklich reichen?
Die Dinge verändern sich einfach. In unserer Wohnung steht ein Klavier, leider spielt im Moment niemand darauf. Aber wenn die Kinder zu Besuch kommen, spielen sie wieder. Die Kinder aus der Nachbarwohnung spielen auch Klavier, manchmal zum Steinerweichen, manchmal sehr schön. Ich bin eben noch sehr in der bürgerlichen Kultur verwurzelt. Für mich ist die bürgerliche Kultur das beste Bollwerk gegen die Barbarei. Es gibt eine Schicht, die durch ihr Dasein, durch ihre Mischung aus Neugier und Konservativismus die Welt einigermaßen vernünftig hält. Eine der großen Folgen der bürgerlichen Kultur ist die demokratische Verfassung unserer Gesellschaft.

1933 gab es mindestens so viele bildungsbürgerliche Familien in Deutschland wie heute, aber die waren offenbar nicht stark genug ...
Ja, das ist leider völlig richtig. Die Kultur ist offenbar ein ziemlich dünner Firnis, der bei jeder Gefährdung aufbre-

chen kann, und dann bricht das alte Tier aus dem Menschen hervor. Ich lese das jetzt gerade wieder bei Arthur Koestler, er zeigt, welches Barbarentum bei Lenin, Hitler, Stalin, Mao Zedong oder Pol Pot zum Ausbruch gekommen ist, und sie alle sind von europäischen Denkschulen geprägt worden, die haben Hegel gelesen und in Paris studiert. Dann sind sie die furchtbarsten Unmenschen geworden. Da haben Sie schon recht, ja.

Sind Menschen glücklicher, die Bücher lesen, ins Theater gehen, Musik hören?
Sie wissen besser, warum sie unglücklich sind – wenn sie Glück haben.

Sie haben einmal ein ganz besonderes Interview mit Marlene Dietrich geführt. Sie hätte Gründe genug gehabt, um glücklich zu sein, war es aber nicht. Stimmt das?
Es ist komplizierter. Sie ließ ja niemanden mehr zu sich. Ich würde noch einmal auf Philip Roth zurückkommen. Bei ihm erfährt man: Im Alter kann ein Glück nicht mehr möglich sein. Es gibt so viele Verluste, so viele Zerstörungen, und so war Marlene Dietrich am Ende kein glücklicher Mensch, sie war ein zutiefst trauriger, einsamer Mensch im Alter.

Und deswegen durften Sie sie nicht besuchen?
Billy Wilder, der mit ihr sehr befreundet war, erzählte mir mal, als er noch öfter nach Paris gekommen sei, habe er sie vorher immer angerufen und gefragt: »Marlene, können wir uns sehen?« Sie sagte dann so ungefähr: »Ja, gerne, wann kommst du denn?« Und er: »Ich komme im Mai.« »Oh schade, da bin ich auf dem Land, da kann ich dich leider nicht sehen.« »Ich kann auch noch bis Juni bleiben.« »Nein, da bin ich, glaube ich, auch noch weg. Wie lange bist

du denn in Europa?« »Bis zum 1. August.« »Oh schade, am 2. August hätte ich dich sehen können.«

Das heißt, Sie durften Marlene Dietrich zwar nicht sehen, aber mit ihr sprechen?
Irgendwann habe ich ihr einfach einen Brief geschrieben und um ein Interview gebeten. Und sie hat an einem Montag oder Dienstag gegen 20.00 Uhr im SPIEGEL angerufen, da war natürlich niemand mehr in der Redaktion. Und der Pförtner hat ihr meine Nummer nicht geben wollen, wahrscheinlich hat er gar nicht geglaubt, dass sie es wirklich war. Aber irgendwie hat sie die Nummer doch herausgefunden. Jedenfalls rief sie am Abend an, und meine Tochter Laura, damals ein kleines Kind, aber filmbewandert durch den Papa, kam mit verdrehten Augen und sagte: »Hier ist Marlene Dietrich am Telefon«, mit der unverwechselbaren Stimme.

Das war im Juni 1991, elf Monate vor ihrem Tod.
Und dann sagte sie mit ihrer wunderbar schleppenden Stimme: »Stellen Sie sich vor, der Pförtner vom SPIEGEL wollte mir Ihre Nummer nicht geben.« Und dann haben wir eben am Telefon ein Gespräch geführt, das dann auch im SPIEGEL erschienen ist. Niemand durfte sie mehr sehen, sie wollte, dass ihr Zauber bewahrt wird.

Herr Karasek, wir danken Ihnen für dieses Gespräch.

»PASS MAL AUF, ERLKÖNIG!«

Die Schauspielerin Senta Berger über ihre einzigartige Filmkarriere und die Literatur ihres Lebens

Frau Berger, Sie sind die einzige auch in Hollywood erfolgreiche deutschsprachige Schauspielerin, die sich über 50 Jahre lang in diesem Beruf halten konnte. Wie haben Sie das geschafft?
Sicher spielt einerseits das Alter eine Rolle in diesem Beruf. Jedes neue Jahr ist ein Abschied von einer Rolle, die man in Zukunft nicht mehr spielen kann. Aber ich habe immer Rollen gespielt, die meinem Alter gemäß waren, und nun spiele ich eben Frauen meines Alters. Andererseits gibt es in unserem Metier keine Altershierarchie. Ich werde immer das Bild vor mir sehen, wie der Theaterregisseur George Tabori, schon sehr krank und mit über 90, in der Kantine saß und mit dem jüngsten Regieassistenten seinen Wein getrunken hat. Ich selbst arbeite mit Menschen jedes Alters zusammen. Da entsteht ein sehr lebendiger Austausch.

Am Beginn Ihrer Karriere haben Sie oft in Musikfilmen gespielt, Sie waren das süße Mädel, das nicht viel wollte vom Leben, außer der großen Liebe natürlich, Ihre Rollennamen waren Yvonne oder Madeleine. Heute spielen Sie zum Beispiel in der Fernsehserie »Unter Verdacht« eine Kriminalrätin. Haben Sie sich auch in Ihrem Beruf weiterentwickeln können, weil sich die Gesellschaft weiterentwickelt hat?
Ja. Heutzutage gibt es fast mehr Kriminalrätinnen als Kriminalräte. Frauen wird in der Analyse von Verbrechen viel zugetraut, wir sind schon die besseren Beobachter.

Es geht ja um Menschenkenntnis. Frauen erleben heute bis in mein Alter interessante Geschichten, sie stehen noch mitten im Leben, sie müssen nicht nur die zurückgezogene Märchengroßmutter sein, sie können es sein, wenn sie es wollen, und das Fernsehen spiegelt diese Frauen.

Dennoch können nicht viele Schauspielerinnen auf einen so glücklich verlaufenden Berufsweg zurückblicken.
Wenn Sie nach meinem wohl wirklich ganz glücklichen Weg in diesem Beruf fragen – da muss ich Ihnen so vieles erzählen, damit sich ein Bild ergibt, das einigermaßen stimmt. Es gibt nicht den einen glücklichen Moment, von dem alles ausgeht, sondern viele Faktoren, die zusammenkommen. Wir müssten auch über mein Elternhaus sprechen, meine Ehe, meinen Mann, der mich und unsere Söhne so gut versorgen konnte, dass ich nicht alle Rollen annehmen musste, der zugleich in seiner Vaterschaft ganz aufging und mich in vielen beruflichen Dingen unterstützt hat. Meine künstlerische Begabung haben meine Eltern sehr früh gefördert. Meine Mutter war eine stolze Proletarierin, mein Vater eher ein ängstlicher Kleinbürger. In diesen Kreisen sein Kind in die Ballettschule und zum Klavierunterricht zu schicken, war eher ungewöhnlich.

Aber Ihre Eltern hatten auch künstlerische Leidenschaften.
Meine Eltern hatten ein Nachmittagsabonnement in einem Theater in Wien, ein Nachmittags-Abo deshalb, weil es recht billig war. Mir ist eine Welt aufgegangen, wenn da der Vorhang mit diesem kleinen Wind aufrauschte und die ganz eigene Bühnenluft in den Zuschauerraum wehte. Was ich in der Schule mit fest geschlossenen Ohren über mich habe ergehen lassen, das habe ich am Theater gehört, gesehen, gelernt, verstanden. Ich wollte auf die Büh-

ne, das war mir klar, als Schauspielerin oder Tänzerin. Ich hatte seit meinem sechsten Lebensjahr sehr ernsthaften Ballettunterricht. Nach meinem 15. Geburtstag aber, ich war in der Pubertät, habe ich mich zu meinem eigenen Schrecken sehr verändert, vor allem körperlich, bin explodiert – zu sehr für eine angehende Tänzerin. Ich war sehr unglücklich und habe mich dafür geniert. Meine Tanzlehrerin hat gesagt, versuch doch mal das Max-Reinhardt-Seminar, also Schauspielerei. So ging ich mit 16 in die Schauspielschule. Der Film hatte immer schon eine ganz große Faszination für mich. Kino war für mich ein magischer Ort. Über meinem Bett hingen damals James Dean und Kirk Douglas, wenige Jahre später war ich dann im Film an seiner Seite.

Schauspielerin zu sein, war das der Wunsch, gesehen zu werden?

Ja auch, dieser Wunsch erklärt bei Jugendlichen vieles: Hier bin ich, beachtet mich, ich weiß zwar noch nicht ganz genau, wer ich bin, aber ich bin hier. Es ist so ein Exhibitionismus, den man einfach durchläuft in der Pubertät. Sicher war das bei mir genauso. Aber stärker noch war meine Lust zu spielen. Ich bin schon mit fünf Jahren mit meinem Vater auf kleinen Bühnen aufgetreten, habe gesungen und getanzt und hatte eine unbändige Freude daran. Mein Vater war ein erfolgloser Musiker, eine Künstlernatur, hat es aber nicht ausleben können, deshalb hat er wohl meinen Berufswunsch unterstützt und sich gefreut, dass mir der Weg glückte, wenn schon nicht ihm. Und meine Mutter hat mir in allen Alltagsdingen geholfen und später bei uns gelebt, sie war meinen Söhnen eine wunderbare Großmutter. Und mein Mann hat mir eine ganz neue Welt eröffnet, für Malerei, für Literatur. Bevor ich mit Michael zusammenlebte, hatte ich mich kaum für

Politik interessiert. Michael war ja selber Schauspieler, er kommt aus einer Theaterfamilie. Er praktizierte als Arzt, bevor er sich dann wieder dem künstlerischen Beruf zuwandte, als Autor, Regisseur und Produzent. Er kennt mein Metier. Ich muss ihm nichts erklären.

Sie waren mit Ihrem Mann schon zusammen, als Sie in Hollywood waren und mit Charlton Heston und Frank Sinatra drehten. Warum sind Sie dem Glamour nicht erlegen, warum sind Sie nach sechs Jahren wieder zurückgekommen?
Ich sprach sehr gutes Englisch, sogar Amerikanisch. Aber natürlich war auch immer ein kleiner Akzent zu hören, ein sogenannter Continental Accent, etwa wie bei Ingrid Bergman. Damals wollte man aber diesen Akzent nicht immer in den Drehbüchern, im Rollenzuschnitt begründen. Die Filme, die mich interessierten, waren die der neuen, der jungen Regisseure. Und die haben mich immer wieder eingeladen, es mit der Rolle einer Amerikanerin zu versuchen. Zum Beispiel Norman Jewison für »Thomas Crown« mit dem Steve McQueen. Letztendlich ist es dann aber immer so ausgegangen, dass man sagte, wir nehmen lieber eine Amerikanerin, sonst muss man zu viel erklären und erzählen. So hatte ich im letzten Jahr in Hollywood, das war 1969, gemerkt, dass ich künstlerisch nicht weiterkomme.

Was hat Ihnen in Amerika die europäische Kultur bedeutet?
Ich bin nach Amerika gekommen mit einem Koffer voller Bücher. An denen habe ich mich festgehalten. Das waren unter vielen anderen Stefan Zweig, Arthur Schnitzler, Alfred Polgar und Ödön von Horváth. Ja, ich habe meine Welt erst aus dem anderen Kontinent heraus begriffen.

Sie haben sich als erfolgreiche Schauspielerin, die sich für Literatur, Malerei interessiert, sehr weit entfernt von dem Milieu, aus dem Sie stammen. War das problematisch für Sie, gibt es noch Kontakte zu den Leuten von damals?

Sehr enge Kontakte. Meine Familie, die es ja noch gibt, also meine Cousins und Cousinen, meine Nichten und so weiter, sind mir sehr, sehr nahe. Natürlich sind sie einem ganz anderen Kreis zugehörig. Es sind Beamte darunter, zum Teil auch Menschen, die ihr Leben verfehlt haben aus kleinbürgerlichen Ängsten heraus. Wir streiten uns auch, so ist es nicht. Also, wenn dann die FPÖ gewählt wird in meiner Familie, dann geht es nicht. Dann muss man mal reden, dass hier der Herr Haider – Gott hab ihn nicht selig – immer Ursache und Resultat verwechselt und damit Politik gemacht hat. Und das finde ich dann auch ganz interessant, denn meine Verwandten verlassen nicht unbedingt ihren Standpunkt, aber sie hören meinem auch zu. Es sind einfache Leute, die theoretisch sehr viele Vorurteile haben, aber im alltäglichen Leben nicht unbedingt danach handeln. Was ich mir von meiner Mutter alles angehört habe über die Zigeuner! Und ich weiß ganz genau, wenn eine Familie aus einem Roma-Lager bei meiner Mutter angeklopft hätte, hätte sie sofort gesagt, kommen Sie herein, das Kind hat ja nichts zum Anziehen. Wollen Sie was essen? Verstehen Sie, was ich meine?

Für Sie – so wie Sie es beschreiben – hat der Zugang zur Kultur nicht nur Ihre Haltung zur Welt verändert, sondern Sie als ganzen Menschen beeinflusst: das Erlebnis Theater, Lektüre! Bücher und Filme können glücklich machen. Glauben Sie, dass Menschen, denen der Zugang zur Kultur verschlossen ist, etwas fehlt?

Na ja, es versteht doch wahrscheinlich jeder etwas anderes unter Kultur. Ich könnte mir denken, dass ein Bauer die Poesie seiner Natur, die ihn umgibt, erkennt, und das ist auch Kultur. Ein Bauer, der sich vielleicht fürchtet, einen schwarzen Anzug anzuziehen und ins Konzert zu gehen, hat trotzdem ein Gefühl, wenn er ein Gefühl hat, für Kultur. Die drückt sich eben dann so für ihn anders aus. Ich glaube, dass die Menschen eine ganz große Sehnsucht haben nach Kultur, jeder Schattierung.

Wie kann man Menschen, die eigentlich nicht wollen, begeistern für Bücher, Theater, Konzerte?
Manches Mal muss man vielleicht, und da bin ich jetzt bei der Erziehung der Kinder, mit Überredungskunst etwas anschieben, den Kindern Farben zeigen, sie aufmerksam machen auf etwas, woran sie noch nicht gedacht haben. Also, in Bayern ist der Musikunterricht als Pflichtfach abgeschafft worden, schon vor Jahren. Meine Söhne gingen in ein musisches Gymnasium, wo sie in Musik, Geschichte und Deutsch Abitur machen mussten. Darum haben wir diese Schule ausgewählt. Aber heute ist in den meisten Schulen Sport Freifach, Französisch ist Freifach, Musik ist Freifach. Jetzt bring mal einen Fünfzehnjährigen ins Freifach Musik! Ich finde, es ist die Aufgabe des Staates, für kulturelle Begeisterung zu sorgen, wenn das Elternhaus es nicht leisten kann.

Und wenn der Staat es nicht leistet – was können Eltern und Großeltern tun?
Die meisten Opernhäuser haben ja Kindertage. Man zeigt den Kindern die Technik, den Bühnenboden, es kommen Orchestermitglieder, die ihnen die Instrumente zeigen. Es gibt Theatervorstellungen für die Kinder. Also, ich war mit meinem Enkelsohn in der Oper »Hänsel und Gretel« – das war ein solches Erlebnis für uns alle, das war großartig

und wird ihm unvergesslich bleiben. Als wir in dieses riesige Opernhaus kamen, hat mein kleiner Enkelsohn erst gesagt, aber der Michael Jackson tritt in noch größeren Hallen auf. Und da habe ich gesagt, ja, aber hast du nicht gewusst, dass der Michael Jackson Opern liebte? So hat der überhaupt angefangen mit Musik, weißt du? Wir saßen über dem Orchester, und ich konnte sagen, das ist die Harfe und jetzt pass mal auf, was der mit dem Waldhorn macht, der muss es jetzt auspusten, da ist nämlich Spucke von ihm drin. Ja, das war ganz schön.

Kinder sind leicht zu begeistern. Aber Jugendliche verweigern sich.
Ja, sie verweigern sich. Ich glaube trotzdem, dass etwas hängen bleibt, wenn man sie vorher mit Kultur erreichen konnte. Ich habe meinen Kindern Gedichte vorgelesen. Pass mal auf, »Erlkönig«, Goethes Ballade von einem Vater, der im Nebel reitend versucht, seinen sterbenden Sohn zu retten – da ruft der Sohn: Mein Vater, mein Vater, jetzt fasst er mich an. Erlkönig hat mir ein Leid getan ... Das bricht dir doch das Herz! Und da haben die Kinder natürlich unheimlich zugehört. Dieses Nebelbild vom Erlkönig hat sich ihnen eingeprägt. Und wenn wir an der Isar im Herbst spazieren gegangen sind, haben sie gesagt, das ist wie Erlkönig, gell, Mama? Wenn man die Legende der »Nibelungen« kennt, wird der Rhein viel mehr als nur ein großer Fluss. Also, wenn man diese Verbindung schaffen kann und so ein Gedicht nicht nur Lernstoff ist, dann profitieren die Kinder sehr davon. Ich stell mir überhaupt einen ganz lebendigen Unterricht vor.

Sie könnten das bestimmt prima.
Vielleicht.

Doch, doch. Das A und O ist die Überzeugungskraft der Lehrer, dass sie sich mit Leidenschaft den Stoffen widmen und diese Leidenschaft dann übertragen können. Und das ist eben mal da und mal leider nicht da. Was geht uns verloren, wenn wir die Kultur nicht mehr pflegen?
Ich denke da an Italien. Natürlich haben die Italiener zu der Kultur, die sie umgibt, zur Schönheit ihrer Städte eine enge und selbstverständliche Beziehung, aber um anderes bemühen sie sich zurzeit nicht. Ich war ja in den Siebzigerjahren in Italien. Als ich nach Rom gegangen bin, war das italienische Kino das Mekka des europäischen Films. Das hat mich natürlich sehr angezogen. Und dann verflachte das immer mehr, wurde immer vulgärer. Und da wollte ich nicht mehr dabei sein.

Auch die politische Kultur dieses Landes verflacht. Was aus einem Land wird, hängt damit zusammen, was es mit seiner Kultur macht?
Ganz bestimmt. Das reflektiert alles. Die Italiener haben eine ganz schlechte Zeit. Unter den Künstlern herrscht Resignation, Lethargie. Ich habe jetzt in Triest einen Film gedreht und habe den Fernseher angemacht. Es war so wie vor 40 Jahren. Die nackten Mädchen, das Komikerpaar vorne, viele natürlich wunderbare Sänger, die alles können, aber mit ihrem Können nichts zu sagen haben. Im italienischen Fernsehen hat sich seit 40 Jahren nichts geändert. Unser Fernsehen hingegen, das muss ich doch sagen, spiegelt sehr viel von unserer Gegenwart wider, was wir heute sind und wie wir leben.

Das deutsche Fernsehen kann auch schrecklich sein. Ist Deutschland dennoch ein Land, das eine besonders enge Beziehung hat zu Kultur?
Ja. Ich mache doch viele Lesungen und komme damit zu

kleinen Sommerfestivals, die in kleinen Städten mit sehr viel Liebe gemacht werden. Es gibt fast überall noch ein Theater. Es gibt in vielen Städten, zum Beispiel Augsburg oder Saarbrücken, noch ein Dreispartenhaus. Das ist schön, dass wir uns das leisten.

Jeder Mensch, der gerne liest, hat Lebenstexte, die er immer wieder und immer anders liest. Welchen Lebenstext haben Sie?
Es sind viele. Ich mag mich da nicht entscheiden. Bei mir kommt ja hinzu, dass ich Lesungen mache und mir schon deswegen Texte immer wieder begegnen. Ich mache, zum Beispiel, einen Ingeborg-Bachmann-Abend. Und ich bin richtig überrascht gewesen, wie ich zum Beispiel das junge Mädchen Franza aus »Der Fall Franza« heute interpretiere und wie ich das zum ersten Mal vor 20 Jahren gemacht habe. Und auch wie viel mehr Zeit ich mir heute beim Lesen lasse, ein ganz anderer Rhythmus, der sicherlich auf Erfahrung beruht, auf die ich mich früher noch nicht verlassen konnte. Oder »Fräulein Else« von Schnitzler. Je weiter entfernt mir dieses Mädchen altersmäßig ist, desto näher kommt sie mir. Und ich bin viel mutiger, das zu illustrieren.

Was zu illustrieren?
Fräulein Elses Erwartungen ans Leben.

Frau Berger, wir danken Ihnen für dieses Gespräch.

LEKTÜRETIPPS

Wer mehr von Kultur verstehen will, sollte nicht nur lesen. Sondern auch: sehen und hören! Auf in die Oper, ins Museum, ins Theater, in den Konzertsaal – sagt man sich so häufig, macht man viel zu selten. Dabei hat noch jeder Theater- oder Operbesuch eine Erkenntnis gebracht, und sei es nur: so nun bitte wirklich nicht. Da tröstet allein der Gedanke, dass sich Geschmack nicht nur an Glanzleistungen schult. Wer sich nicht aufraffen kann, sondern auf dem Sofa zu Hause sein Kulturwissen mehren möchte, dem seien die folgenden Bücher ans Herz gelegt – neben all den Romanen, Erzählungen, Lyrikbänden, die man immer schon mal lesen wollte.
Zum **Einstieg** sei hingewiesen auf: »Kultur für Banausen«. Die beiden Autoren Markus Reiter und Tim Schleider versprechen im Untertitel einen geradezu sagenhaften Wissensschatz: »Alles, was Sie wissen müssen, um mitreden zu können«. Alles? Nun ja, das ist natürlich zu laut getönt. Das Schlusswort beginnt mit passenderen, also weniger vollmundigen Worten: »Dieses Buch leidet unter seinen Beschränkungen.« Die Wahrheit liegt in der Mitte. Das Buch bietet nicht alles, was man wissen muss, aber immerhin manche lohnende Anregung zum Weiterdenken und Weiterlesen.
Der **Literatur,** diesem weiten Feld, könnte man sich auf zweierlei Weise nähern. Wissenschaftlich abgesichert, schön systematisch und so umfassend, wie ein einziger Band (von immerhin gut 700 Seiten!) eben sein kann: Metzlers »Deutsche Literaturgeschichte. Von den Anfängen bis

zur Gegenwart« von Wolfgang Beutin. Einen ganz anderen Weg weist der Schriftsteller Peter Wawerzinek. Nicht systematisch, sondern willkürlich; nicht wissenschaftlich, sondern höchst subjektiv und subtil – Wawerzinek, Bachmannpreisträger des Jahres 2010, schreibt schon seit Langem Parodien auf bekannte Schriftsteller. »Raubzüge durch die deutsche Literatur« lautet der Untertitel seines neuen Buchs.

Zur **Musik** hat Holger Noltze mit »Die Leichtigkeitslüge« ein lesenswertes Buch vorgelegt. Wem klassische Musik schon immer zu anstrengend erschien, die »Kleine Nachtmusik« mal ausgenommen, der sollte das Buch unbedingt lesen. Danach wird er die Musik nicht anders finden – aber die Anstrengung womöglich lohnend. Denn Noltze hält ein Plädoyer für die Mühe; sie rechne sich immer, weil sie neue Erfahrungen beschere. Oft leicht, ja komisch, kommt ein anderer Kulturkundiger daher: Vicco von Bülow, ein großartiger Vermittler der Kunst. Er hat ganz eigene Beiträge zum Verständnis der Musik geleistet, gesammelt gibt es sie auf fünf CDs: »Loriot und die Musik«.

Was fehlt? Für die **Bildende Kunst** natürlich Gombrichs »Die Geschichte der Kunst«; für den Film, jedenfalls den älteren, am besten Jerzy Toeplitz' »Geschichte des Films«; fürs **Fernsehen** vielleicht »Das Fernsehlexikon« von Michael Reufsteck und Stefan Niggemeier. Und schließlich ein Wort in eigener Sache. Na ja, ein paar Wörter mehr, so viel Eigenwerbung sei erlaubt. Im SPIEGEL-Shop (www.spiegel.de/shop) werden Editionen angeboten, die wichtige Werke versammeln, sorgfältig ausgewählt von Redakteuren des Hauses: unter anderem die CD-Sammlung »Die großen Dirigenten« und die DVD-Zusammenstellungen »Große Kinomomente« und »Edition Deutscher Film«.

ABBILDUNGSNACHWEIS

Das Copyright sämtlicher Fotos liegt bei der Deutschen Presse-Agentur (dpa). Ausgenommen sind:

Seite 32: Interfoto
Seite 39: ddp Images
Seite 41: AFP
Seite 57: Karger-Decker / Interfoto
Seite 62: Ullstein Bild
Seite 83: AKG
Seite 90: AKG
Seite 92: AKG / VG Bild-Kunst, Bonn 2011
Seite 94: AKG

DANK

Der SPIEGEL-Redakteurin Susanne Beyer, die das Interview mit Senta Berger vorbereitet und mitgeführt hat; das Interview ist in gekürzter Fassung in der SPIEGEL-Ausgabe 19/2011 erschienen.

Juliane Roggel und Oliver Scholz im SPIEGEL-Verlag, die maßgeblich für die erfolgreiche Umsetzung des Wissenstests gesorgt haben.

Den Kollegen in der SPIEGEL-Dokumentation, die alle kleineren und größeren Fehler im Fragenkatalog und in den Texten aufgespürt haben: Andrea Curtaz-Wilkens, Johannes Erasmus, Carsten Hellberg, Ulrich Klötzer, Michael Lindner, Margret Nitsche, Jil Sörensen, Anika Zeller.

Den vielen weiteren Kollegen aus den verschiedenen Abteilungen der SPIEGEL-Gruppe, die den Wissenstest und dieses Buch ermöglicht haben, unter anderen Cornelia Baumermann, Andreas Borcholte, Thorsten Dörting, Rene Gauding, Thomas Hass, Leopold Hastreiter, Merve Japes, Judica Klages, Angelika Mette, Peer Peters, Michael Plasse, Sebastian Raulf, Susanne Sayami, Matthias Streitz, Jens Vellguth, Antje Wallasch.

Den Mitarbeitern von Kiepenheuer & Witsch; den Experten von IfaD, die den Wissenstest programmiert haben; der Mathematikerin Katharina Wesselhöft, die in gewohnter, also höchster Zuverlässigkeit die Auswertung der Daten vorgenommen hat.

KiWi
PAPERBACK
Wie gut ist Ihre Allgemeinbildung?
zum Mitmachen
Der große SPIEGEL-Wissenstest
Martin Doerry/Markus Verbeet (Hg.)
SPIEGEL ONLINE

Martin Doerry/Markus Verbeet. Wie gut ist Ihre Allgemeinbildung? Der große SPIEGEL-Wissenstest zum Mitmachen. KiWi 1162

Nur Mut – testen Sie jetzt Ihr Allgemeinwissen!

Über 600.000 Leser haben am großen SPIEGEL-Wissenstest im Internet teilgenommen, dem bisher größten Test des Allgemeinwissens in Deutschland. Nur 26 von ihnen konnten alle Fragen richtig beantworten. Und wie steht es um Ihre Allgemeinbildung?

www.kiwi-verlag.de 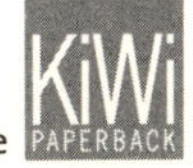